Toni Anzenberger *startet von Wien aus zu seinen Fotorecherchereisen. Für den DuMont Bildatlas hat er neben österreichischen Regionen schon die Bände Toskana und Sardinien fotografiert.*

Die in Berlin lebende Autorin und Journalistin ***Barbara Schaefer*** *sagt von sich selbst, sie reist und schreibt – und zwar ganz besonders gern in bzw. über ihr Lieblingsland Italien.*

Liebe Leserinnen, liebe Leser!

Blauer kann das Meer gar nicht sein, das Wasser ist glasklar, ein Strand schöner als der nächste. Kalabrien und Apulien üben auf mich seit jeher einen besonderen Zauber aus. Übrigens nicht nur die Küste, auch das Hinterland, wo mancherorts noch die Zeit stillzustehen scheint.

Spannende Kontraste

Touristisches Aushängeschild von Italiens Süden ist Apulien, dessen verschlafene Fischerorte im Sommer zu vibrierenden Hotspots werden. Hier gibt es coole Bars und Clubs und natürlich auch ein tolles Sportangebot – vielleicht haben Sie Lust, einmal unserem Aktivtipp zu folgen und sich als Stehpaddler zu versuchen (S. 81)? Während Apulien weitgehend flach ist, von knorrigen alten Olivenbaumhainen geprägt ist, erheben sich in Kalabriens Hinterland hohe Berge, ein Großteil der Bergwelt steht als Nationalpark unter Naturschutz und lädt einfach ein zum Wandern, besonders schöne Touren stellt Barbara Schaefer auf S. 97 und 113 vor. Und danach? Klar dann geht es zurück ans Meer. Kaum mit irgendetwas sonst kann man einen Abend besser beschließen als mit einem Essen am Meer. Ihre Lieblingsrestaurants mit Meerblick-Terrasse verrät Barbara Schaefer in der Rubrik „Unsere Favoriten“ auf S. 114.

Abstecher in die Basilikata

Ja, und was ist mit der Basilikata, jener Region zwischen Apulien und Kalabrien? Sie liegt noch abseits der großen Touristenströme, hat von wenigen Ausnahmen abgesehen kaum herausragende Sehenswürdigkeiten zu bieten und bleibt daher in diesem Band weitgehend unberücksichtigt. Mit einer Ausnahme: Matera, jene archaisch wirkende Höhlenstadt, die seit 1993 zum Kulturerbe der Menschheit gehört. Mehr darüber erfahren Sie im Special auf S. 53. Übrigens wurde die Neuverfilmung von Ben Hur, die Ende August 2016 in die deutschen Kinos kam, großenteil in Matera gedreht. Und erst recht gerät Matera 2019 ins Rampenlicht, dann nämlich ist die Stadt Europäische Kulturhauptstadt.
Herzlich

Ihre

Birgit Borowski

Birgit Borowski
Programmmleiterin DuMont Bildatlas

27 Unterwegs im Gargano: Südlich von Vieste formen Wasser, Wellen und Wind den hellen Kalkstein zu spektakulären Bögen und Grotten.

Impressionen

Nordapulien (Gargano)

Mittelapulien

53 UNESCO-Welterbe: Ein Abstecher in die Basilikata führt uns zu den Höhlenwohnungen von Matera.

64 Morgenländisches Flair im Salento: Stadtbummel durch Ostuni.

Südapulien (Salento)

UNSERE FAVORITEN

BEST OF ...

91 Geschichte und Geschichten: Schutz vor Piratenüberfällen bot einst diese Aragoneserburg vor der nordkalabrischen Küste.

Nordkalabrien

Südkalabrien

Anhang

DuMont Aktiv

Genießen Erleben Erfahren

Nordapulien 24 – 41
Mittelapulien 42 – 63
Südapulien 64 – 81
Nordkalabrien 82 – 97
Südkalabrien 98 – 113
Mare Adriatico
Mare Ionio
Golfo di Taranto
Golfo di Manfredonia
Golfo di Salerno
Golfo di Policastro
Golfo di S. Eufemia
Golfo di Squillace
Promontorio del Gargano
Penisola Salentina
Isole Tremiti
Isola Pianosa
Palagruža
Isole Eolie o Lipari
Isola Stromboli
Isola Filicudi
Isola Alicudi
Isola Salina
Isola Lipari
Isola Vulcano
Sicilia
Campania
Molise
Puglia
Basilicata
Lucania
Calabria
CRNA GORA (MONTENEGRO)
Boka Kotorska
Herceg-Novi
Budva
Petrovac na moru
Dubrovnik
Bar
Durrës
Vlorë
Pátra
PESCARA
Chieti
Lanciano
Ortona
Vasto
Termoli
Campobasso
San Severo
FOGGIA
Lucera
Manfredonia
Vieste
Monte Sant'Angelo
Peschici
Lesina
Apricena
S.Giovanni R.
Cerignola
Margherita di Savoia
Barletta
Trani
Bisceglie
Molfetta
Andria
Corato
Canosa d.P.
Castel del Monte
BARI
Mola d.B.
Polignano a.M.
Monopoli
Grotte di Castellana
Fasano
Ostuni
Alberobello
Martina F.
Gioia d.Colle
Altamura
Gravina d.P.
Matera
Sassi
Laterza
Mottola
Massafra
TARANTO
Brindisi
Mesagne
Francavilla F.
Manduria
Squinzano
LECCE
Veglie
Porto Cesareo
Nardò
Gallipoli
Galatina
Maglie
Martano
Otranto
S. Cesarea Terme
Ugento
Tricase
Marina di Leuca
Capo S.Maria di Leuca
Benevento
Caserta
NAPOLI
Avellino
Nocera
SALERNO
Amalfi
Positano
Sorrento
Capri
Eboli
Battipaglia
Melfi
Venosa
Potenza
Avigliano
Irsina
Tricarico
Ferrandina
Pisticci
Bernalda
Metaponto
Policoro
S. Arcangelo
Moliterno
Montesano s.M.
Lauria
Sapri
Palinuro
Capo Palinuro
Praia a.M.
Castrovillari
Sibari
Trebisacce
Rossano
Cariati
Cirò
Strongoli
Crotone
Isola di C.R.
Capo Rizzuto
Punta Alice
COSENZA
La Sila
Paola
Amantea
Lamezia Terme
Catanzaro
Catanzaro Marina
Soverato
Pizzo
Tropea
Capo Vaticano
Nicotera
Rosarno
Gioia Tauro
Palmi
Serra S. Bruno
Stilo
Monasterace Marina
Locri
Gerace
Bovalino M.
Brancaleone Marina
Bova Marina
Melito d. Porto Salvo
REGGIO D. C.
Aspromonte
Villa S.G.
MESSINA
Milazzo
Taormina
M. Etna
Capo d'Orlando
Sant'Agata d.M.
Mti. Peloritani

Topziele

Die bedeutendsten Ziele Apuliens und Kalabriens auf den Gebieten Kultur, Natur und Erleben haben wir hier für Sie zusammengestellt. Auf den Infoseiten ist das jeweilige Highlight als **TOPZIEL** *gekennzeichnet.*

KULTUR

1 Castel del Monte: Ein steinernes Rätsel wie aus einem Fantasy-Roman, ein Highlight frühmittelalterlicher Baukunst – von Friedrich II., dem in Italien geborenen Stauferkaiser, um 1240 errichtet. **Seite 62**

2 Alberobello: Im Grunde handelt es sich um einen gemauerten Steuertrick, der aber heute hübsch anzusehen ist – die afrikanisch anmutenden Bauten (Trulli) rund um Alberobello. **Seite 62**

3 Reggio di Calabria: Zwei antike Bronzestatuen wurden bei Riace im Meer gefunden, nun stehen sie hier im Nationalmuseum. **Seite 113**

NATUR

4 Isole Tremiti: Früher ein Verbannungsort, heute ein Ausflugsziel. Schon in der Antike wurden Menschen auf die dem Gargano vorgelagerten Inseln verbannt. Heute wäre es keine Strafe mehr. **Seite 39**

5 Foresta Umbra: Der Wald auf dem Gargano umfasst das rund 110 km^2 große Naturschutzgebiet Foresta Umbra – ideal für kleine Fluchten bei großer Hitze. **Seite 40**

6 Nationalpark Sila: Gigantische Schwarzkiefern, Schattenspender und Naturdenkmäler – die Riesen des Sila-Gebirges sind zwischen 350 und 400 Jahre alt und bis zu 40 m hoch. **Seite 96**

ERLEBEN

7 Bari: Bei der Festa di San Nicola in Bari wird die Ankunft des Stadtheiligen San Nicola mit einer Meeresprozession gefeiert. **Seite 61**

8 Civita: In den Dörfern um Civita im Norden Kalabriens spricht man Arbëresh. Sogar die Straßenschilder sind hier zweisprachig. **Seite 96**

9 Riace: Der Bürgermeister von Riace macht vor, wie die Integration von Immigranten klappen kann. **Seite 112**

10 Tropea: Nicht bei Capri, sondern bei Stromboli versinkt die Sonne im Meer – wenn man von Tropea aufs Meer blickt. **Seite 112**

Ab in den Süden!

So stellt man sich Ferien am Meer doch vor: das Handtuch am Strand ausgebreitet, unter den Füßen kribbelt der Sand. Und vielleicht taucht man später noch ins türkise Nass. Allerdings: So idyllisch wie hier ist es am Strand von Zambrone (an der Riviera Calabra) nur in der Vorsaison.

Frisch auf den Tisch

Stolz präsentieren diese beiden Fischer bei Scilla ihren beachtlichen Fang: einen Schwertfisch (ital. *pesce spada*), dessen namengebende schwertartige Schnauze ein Drittel der gesamten Körperlänge erreichen kann. Allerdings gehen die Fänge dieses begehrten Speisefisches seit Jahren zurück, weshalb sich viele Fischer heute ein Zubrot verdienen, indem sie Touristen mit auf die Schwertfischjagd nehmen.

SALINA

Eine offene Bühne des Lebens

Abends verwandelt sich der Corso Vittorio Emanuele II in Tropea in eine mediterrane Flaniermeile, wie man sie sich schöner kaum wünschen kann. Jedenfalls in den Hochsommermonaten Juli und August, wenn der Corso für den Autoverkehr gesperrt ist und man ganz gelassen etwa vor einer Bar auf dem noch von der Tageshitze erwärmten Straßenpflaster sitzen kann.

TARTUFI E GRANITE
RISTORANTE
TROPEA VECCHIA

Der geraubte Heilige

Die Festa di San Nicola in Bari beginnt jeweils am 7. Mai mit einer großen Prozession, bei der die Gläubigen, teils historisch kostümiert, eine große Figur des Schutzheiligen durch das Altstadtlabyrinth tragen. Damit – und mit einer Bootsprozession am folgenden Tag – gedenkt man der Ereignisse im Jahr 1087, als die (geraubten) Reliquien des Heiligen nach Bari verschifft wurden, wo sie bis heute in einer eigens dafür errichteten Basilika aufbewahrt werden.

Odysseus und das Ungeheuer

Wenn es Nacht wird in Scilla, gehen rund um den markanten, schon in altgriechischen Zeiten bebauten Burgfels des Fischerstädtchens die Lichter an. Noch erhascht man jenen berühmten „violetten Blick“ über die Straße von Messina hinweg nach Sizilien, an den auch der Beiname der hiesigen Küste, *Costa Viola*, erinnert. Und so mancher erinnert sich an das homerische Meeresungeheuer Skylla, das zu Odysseus’ Zeiten mit seinem kaum weniger unheimlichen Gegenüber Charybdis an der Meerenge Angst und Schrecken verbreitete.

Spuren im Sand

Typisch für die pittoreske Felsenküste im kalabrischen Westen ist der graue Sandstrand wie hier bei Arco Magno. Jenseits des immer verlockenden Strandlebens lohnen hier auch Ausflüge in das von Buchen- und Kiefernwäldern erstaunlich dicht bewachsene Hinterland.

Kein Sein ohne Design

In einer kleinen Eremitage aus dem 17. Jahrhundert haben maximal 20 Gäste der – unweit der apulischen Kleinstadt Fasano gelegenen – Masseria Alchimia die Qual der Wahl zwischen zehn individuell gestalteten, komfortabel eingerichteten Appartements: die perfekte Urlaubsidylle inmitten grandioser Natur – und doch nur wenige Autominuten vom Meer entfernt.

Die schönsten Strände

Sommer, Sonne, (Bade-)Strand

Warum wollen nur alle in den tiefen Süden? Wegen der Kirchen und Klöster? Der Nationalparks? Dem Essen? Seien wir ehrlich: Ein Hauptgrund ist das Meer! Kaum sonstwo in Italien strahlt es so azurblau, ist das Wasser so sauber, sind die Strände so verlockend. Nur im August sollte man besser nicht dorthin fahren – da ist ganz Italien dort.

1 Torre dell'Orso

Im Südosten Apuliens knallt die Sonne auf die flache Ebene, auf den silbernen Sand und auf die kalkweißen Felsen am Strand von Torre dell'Orso. Das Wasser der Adria ist glasklar, aquamarinblau. Dünen und Pinienwälder säumen den Strand. Und das beste: zwei Kalkfelsen im Meer, die *due sorelle* – man kann raufklettern und hinunterspringen. Das Wasser ist hier so sauber, dass die Strände immer wieder die Blaue Flagge verliehen bekommen.

Apulien, Salento, bei Melendugno

2 Baia delle Zagare

Ein kilometerlanger Strand an der Südküste des Gargano aus Kies und hellen, kleinen Steinen, eingeschlossen in einer perfekten Bucht bei Mattinata. Zum Strand kommt man mit dem Panoramalift des gleichnamigen Hotels. Zusätzlich können täglich 30 Nicht-Hotelgäste an den Strand gelangen, keiner mehr. Jedenfalls nicht auf dem Landweg. Wer aber mit dem Boot herantuckert, hat freien Blick auf die imposanten Kalksteinfelsen.

Apulien, Gargano, bei Mattinata

3 Porto Selvaggio

Zum naturbelassenen Strand im 400 ha großen Regionalpark Porto Selvaggio spaziert man durch ein Pinienwäldchen. Die Strände hier an der Ionischen Küste erhalten seit Jahren Bestnoten vom italienischen Umweltverband Legambiente. Außer den Badesachen sollte man auch Wanderschuhe mitnehmen: Dann kommt man unzerkratzt durch die Macchia zu den Grotten der Baia dell'Uluzzo. Hier wurden 40 000 Jahre alte Siedlungsspuren entdeckt.

Apulien, Salento, Ionische Küste, bei Nardò

4 Spiaggia Pizzomunno

Ein paar Schritte raus aus dem Hotel, und schon liegt man am Meer. Gut erreichbare Stadtstrände haben durchaus Vorteile. Das gilt auch für den Sandstrand von Vieste, der sich kilometerlang zu Füßen des Pizzomunno hinzieht, einem nadelförmigen Kalk-Monolith im Meer. Dazu passt eine Legende: Der Fischer Pizzomunno verliebte sich in ein schönes Mädchen, was eifersüchtige Sirenen nicht dulden wollten. Sie zerrten die Schöne ins Meer, und der Fischer versteinerte vor Gram. Nun, ganz so dramatisch muss es ja nicht enden, aber heiße Sommerliebe findet ihren Anfang recht oft am Strand ...

Apulien, Gargano, Vieste

5 Santa Maria di Leuca

„Malediven von Salento" werden die Strände genannt, die sich von Leuca an der südlichen Spitze Apuliens bis Pescoluse ziehen. Das verleitet manchen zum Spott – bis er dann selbst hier staunend steht: Kristallklar, smaragdgrün und azurblau flirrend ist das Meer, gesäumt von Dünen wie von einem Grünstreifen mit Tamarisken- und Akazien-Bäumen. Bei Porto Cesareo fällt das Meer so flach ab, dass eine Insel im Naturschutzgebiet, fast zu Fuß erreichbar ist.

Apulien, Santa Maria di Leuca bis Pescoluse

7 Spiaggia Cirella di Diamante

Diamante liegt im Nordwesten Kalabriens an der Riviera dei Cedri. Berühmt ist das Dorf für seine in den 1980er-Jahren geschaffenen, teils verblassten *Murales* (Wandmalereien). Aber auch Beachboys und -girls kommen hier auf ihre Kosten. Kleines Strandspiel: Mit den Zehen im Sand die Figuren nachmalen. Wer sie erkennt, bekommt ein Eis. Links und rechts, also nördlich und südlich des Dorfes, gibt es flache Strände, und die beste Erfrischung – außer dem Sprung ins Meer – ist die ortsübliche Limonade, eine *Cedrata*: Limo aus Zitronatzitronen.

Kalabrien, Tyrrhenisches Meer, Riviera dei Cedri, Diamante

7 Capo Vaticano

Am Rist der Stiefelspitze wirft sich die Landschaft noch einmal zu voller Schönheit auf. Weiße Felsrücken schieben sich ins blaue Meer hinaus. Schon von oben, von den Terrassen des Capo Vaticano, sieht das traumhaft aus. Hinunter geht es auf Ziegenpfaden durch die Macchia, Ginster und Kakteen können ganz schön kratzen. Die Mühe lohnt sich aber, an den feinen Kiesstrand säuselt das Meer heran. Manchmal zieht draußen eine Fähre vorbei, die nach Stromboli übersetzt. Soll sie mal. Warum auf die Inseln fahren, ist der Strand doch hier so nah?

Kalabrien, Tyrrhenisches Meer, Capo Vaticano

8 Tropea

Noch ein leicht zugänglicher Stadtstrand: Man braucht nur die lange Treppe von der hübschen Altstadt hinunterzugehen und kann sofort die Flip-Flops ausziehen, um die Zehen in den Sand zu graben. Rechter Hand lockt die Inselkirche Santa Maria dell' Isola, die man sicher auch mal besuchen wird. Spätestens, wenn man alle Eisdielen einmal ausprobiert hat, die sich hinter dem Strand aufreihen. Strombolis hoch aufragender Vulkankegel ist fast immer zu sehen. Wenn man nicht gerade mit geschlossenen Augen im Liegestuhl liegt. Nachteil: Abends muss man die Treppen wieder hinauf …

Kalabrien, Tyrrhenisches Meer, Tropea

9 Piana di Sibari

Flach und leicht zugänglich: Das mag schon für die Griechen ein Grund gewesen sein, hierher zu kommen – damals vom Meer her, um Sybaris zu gründen, die bedeutendste Stadt der Magna Graecia. Heutige Reisende bevorzugen den Zugang von der Landseite. Die flachen, kilometerlangen Strände in der Piana di Sibari bieten Campingplätze, ein verstecktes Luxus-Resort, viel Platz zum Ballspielen am Strand und einen Blick bis nach Griechenland. Jedenfalls, was die Richtung betrifft …

Kalabrien, Ionische Küste, bei Sibari

10 Isola di Capo Rizzuto

„Isola" meint hier keine Insel, sondern die gesamte Gemeinde in der Provinz Crotone. Am Strand im Ortsteil Le Castella kann man baden und Sehenswürdigkeiten bestaunen zugleich: Direkt in der Bucht erhebt sich auf einer Halbinsel die Fortezza Aragonese. Das ganze Gebiet von Capo Rizzuto, zusammen mit dem Küstenabschnitt südlich von Crotone, ist Teil des marinen Naturschutzgebietes Capo Rizzuto. Dort darf man baden, aber nicht mit Motorbooten herumdüsen. Berühmt ist der Ort nicht zuletzt für seine rot-orangefarbenen Sandstrände.

Kalabrien, Ionische Küste, bei Crotone

Der Kaiser und die Heiligen

Willkommen in Apuliens grünem Norden! Der Parco Nazionale del Gargano ist berühmt für seine alten Pinien und den Buchenwald der Foresta Umbra. Außerdem befinden sich hier, am Sporn des italienischen Stiefels, gleich zwei berühmte Wallfahrtsstätten, herrliche Küstenorte – und die Spuren eines schwäbischen Kaisers.

Freien Zugang und vielleicht die schönste Kulisse hier an der Südküste unterhalb von Vieste bietet die Kiesbucht Spiaggia di Vignanotica.

Apulien (ital. *Puglia*) erstreckt sich vom Promontorio del Gargano im Norden bis zur Halbinsel Salento im Süden. Zentrum des Gargano – auch in touristischer Hinsicht – ist Vieste mit seiner bis heute weitgehend intakten mittelalterlichen Altstadt.

Rechts: Auch im Gassengewirr der Altstadt bieten sich immer wieder Ausblicke aufs Meer.

Unten: Was darf es denn sein? Stand auf dem Mercato di Vieste.

Durch die griechische Kolonisation vom 9. bis zum 8. Jh. v. Chr. wurde Apulien Teil der Magna Graecia und blieb auch nach der Eroberung des Gebietes durch die Römer noch lange griechisch geprägt.

Links: Viestes Altstadt errichtete man auf einem sich weit ins Meer schiebenden Felsvorsprung, der Punta San Francesco.

Wem es in der Stadt zu heiß wird, der findet gleich unterhalb von Vieste fußnahe Strände. Weiter südlich wie hier an der ...

... Baia di Pugnochiuso wird die von schönen, auch gut mit dem Kanu zu erkundenden Buchten eingeschnittene Küste felsiger.

Herrliche Meerblicke, hübsche Gassen: Voller Vorfreude durchkämmt man Viestes Altstadt.

Vieste schiebt sich auf einem weißen Felsplateau ins Meer, das glitzert mal silbern, mal leuchtet es intensiv türkis; die Altstadt voll strahlend weißer Häuser drängt sich in ein paar Gassen zusammen. Voller Vorfreude zieht man am ersten Abend los, durchkämmt den Ort. Herrliche Meerblicke, hübsche Gassen. Am zweiten Tag kann sich eine gewisse Ernüchterung einstellen. Allzu touristisch streckt sich Vieste den Besuchern entgegen. Aus jedem noch so kleinen Laden oder Hauseingang werden Souvenirs verkauft, viel Krempel dabei, immergleicher Schmuck, und nur der kleinste Teil davon Made in Italy. Verständlich ist es ja doch: Jeder will ein Stück vom Kuchen abhaben, „*la crisi ...!*“, wie sie hier sagen, die Krise.

„Der Süden ist verschwunden“, titelte das Nachrichtenmagazin *L'Espresso* und veröffentlichte beunruhigende Zahlen. Schon immer war das pro Kopf gerechnete Brutto-Inlandsprodukt im Süden Italiens deutlich geringer als im Norden des Landes, und in den letzten Jahren ging es noch weiter zurück. Das Investitionsvolumen ging ebenfalls zurück, und auch die Bevölkerung schrumpft. Die Binnenmigration vom Süden in den Norden betrug zuletzt in einem Jahr unterm Strich 744 000 Personen; davon sind 526 000 zwischen 15 und 34 Jahre alt, und von diesen hat fast die Hälfte einen Uni-Abschluss. Was bedeutet: Die jungen, gut Ausgebildeten gehen weg. Kinder bekommen sie dann im Norden, während die Bevölkerung im Süden weiter überaltert.

Unterwegs im Gargano

Anders als in den belebten Gassen der Altstadt etwa von Vieste, durch die die Besucher flanieren, verläuft das Leben in den Wohnstraßen, außerhalb des centro storico. An den Straßenecken stehen Händler mit ihren dreirädrigen Lastwägelchen, *dem* Fahrzeug schlechthin der Kleinbauern. Sie verkaufen kistenweise, was das Feld gerade hergibt: Trauben, Melonen, Pfirsiche, oder auch den Caciocavallo, den regionalen Käse. Sie haben schwielige Hände, sie haben hart gearbeitet. Dennoch sind die Preise niedrig. In den Läden und Supermärkten ist das Obst nochmal billiger, Tomaten gibt es schon für einen Euro das Kilo. Möglich ist das alles nur, weil die Erntehelfer reine Tagelöhner sind, schlecht bezahlte Immigranten (siehe das DuMont-Thema auf den Seiten 36/37).

Die Küstenstraße im Gargano zählt zu den schönsten Apuliens. Busse, Lastwagen, Urlaubsverkehr und Pendler, alle kurven hier entlang. Wer selbst am Steuer sitzt, wird die Aussicht kaum genießen können. Es lohnt sich deshalb durchaus, für den Ausflug in einen Nachbarort mal mit dem Bus zu fahren. Wer in Peschici logiert, kann sogar den Zug nehmen! Aber natürlich ist das schönste Verkehrsmittel am Meer – ein Boot. Wem auf schaukelnden Planken nicht übel wird, der wird sicherlich einen Ausflug buchen, sei es eine Tour in eine der Buchten, die anders nicht zu erreichen sind, oder eben einen Tagestrip zu den Tremiti-Inseln.

Paradies oder Hölle?

Eines vorneweg – richtig betont spricht man die Inseln so aus: San Nicóla, San Dómino, Isole Tremiti. Und so den Sporn: Gargáno. Ein Land mit so viel Küste wie Italien hat auch ein besonderes Faible für Inseln. „Le Isole" heißt es meist nur, vom Festland aus betrachtet. Das können dann je nach Küste die Liparischen Inseln sein, drüben vor Kalabrien, oder hier die Tremiti-Inseln.

Paradies oder Hölle, Inseln stehen für beides. Der eine liebt die Abgeschiedenheit, dem anderen ist sie ein Graus. Vor allem dann, wenn Inseln nicht der selbstgewählte Wohnort sind. Denn gerade sie eignen sich, aus Sicht der Herrscher, auch gut als Verbannungsorte. Zäune und Mauern braucht es hier nicht. Schon in der Antike wurden Menschen auf die Tremiti-Inseln verbannt. Mussolini ließ Antifaschisten wie den späteren Staatspräsidenten Sandro Pertini nach San Domino bringen. Vor allem aber wurden Homosexuelle auf diese Insel verschleppt, ohne dass es dafür irgendeine gesetzliche Grundlage gegeben hätte.

Für Mussolini war der Fall ganz einfach: „In Italien gibt es nur echte Männer", trötete er. Was die Faschisten nicht daran hinderte, diejenigen, die es doch gar nicht gab (oder geben durfte), sexuelle Minderheiten also, zu ächten, zu verfolgen – und zu deportieren.

Das Schicksal der zwischen den Jahren 1938 und 1943 auf San Domino Internierten – mehr als 300 Homosexuelle aus allen Teilen des Landes – inspirierte Luca de Santis und Sara Colaone zu ihrer

Oben: *Spiaggia del Castello* heißen die südlichen Strände von Vieste mit dem berühmten Fels Pizzomunno. Mitte, unten: Bummel durch die Via Roma, Marktstand in Peschici.

Oben: Feuerwerk über der Altstadt von Peschici, die wie Vieste auf einem ins Meer vorstoßenden Felsrücken errichtet wurde.

Links: Das Geschehen am Strand wie im Meer fest im Blick hat der Lifeguard in der Baia di Sfinale südöstlich von Peschici.

Strandvergnügen auf den Tremiti-Inseln: Blick von der Isola San Domino zur Isola San Nicola.

„Wenn du nicht fahren würdest wie meine Oma, wären wir längst da." – „Reg dich ab, die Fähre nach Tremiti geht erst um drei."

Luca de Santis & Sara Colaone, „Insel der Männer"

Graphic Novel *In Italia sono tutti maschi*. Auf Deutsch ist sie unter dem Titel „Insel der Männer" erschienen.

Der Cantautore als Ehrenbürger

Lucio Dalla, ein italienischer Cantautore, wurde in Bologna geboren, verbrachte aber als Kind viel Zeit auf San Domino, und später baute er sich dort ein Haus. *„Dice che era un bell'uomo e veniva, veniva dal mare ... E ancora adesso che gioco a carte e bevo vino per la gente del porto mi chiamo Gesù Bambino"*, singt Dalla in einem seiner berühmtesten Lieder. Dessen Text sei zwar nicht wirklich autobiografisch, erläuterte er in einem Interview, aber ihm gefalle der Gedanke, dass er selbst dieser Mann sein könnte, um den es darin geht, „aus dem Meer gekommen, aus dem Meer des Südens, den er liebt. Und dieser Süden, das sind die Tremiti-Inseln".

„4/3/1943" heißt das Lied, das ist Dallas Geburtsdatum. Es bedeutete seinen kommerziellen Durchbruch. Der im Jahr 2012 mitten in einer Tournee durch einen Herzinfarkt aus dem Leben gerissene Sänger widmete den Tremiti-Inseln, deren Ehrenbürger er schließlich wurde, auch noch weitere Lieder.

Dunkle Schatten im flirrenden Blau

Rehe und Wildschweine, Wiesel, Dachse, Marder und Füchse, sogar Siebenschläfer soll es hier geben. Die sind allerdings zu scheu, man wird sie kaum zu Gesicht bekommen. Der Nationalpark Gargano ist berühmt für die dichte Foresta Umbra, Apuliens einzigen größeren Wald. Vom Meer her kommend fährt man hinauf bis auf Berghöhen über 800 Meter, verlässt Olivenhaine für den kühlen Schatten im Buchenwald. Mehr als zwanzig Kilometer Wege wurden in der Foresta Umbra markiert. Es gibt Picknick-Areale, die Wege sind eher etwas für Spaziergänge als für Trekkingrouten. Denn so sieht es aus, das italienische Wandern: Auf einen Parkplatz fahren, Essen und Trinken aus dem Auto nehmen, einige Schritte gehen, Picknick machen, und dann am Abend sagen: „Wir waren den ganzen Tag in der Natur!"

Licht und Schatten auch hier: im Leben der Heiligen

Stimmt ja auch, irgendwie. Italiener lieben das. Den Wald, den Schatten. Deutsche Urlauber betört ein großer Wald nicht so sehr, man kennt das auch von zu Hause. Einzigartig aber ist der Eindruck, wenn das Meer durchflirrt. Der Wald ist schön, zweifelsohne, aber noch schöner ist es, wenn bei der Weiterfahrt etwa nach Monte Sant'Angelo die Bäume immer wieder den Blick freigeben aufs Meer. Buchenwald und Meer – das ist eine echte Rarität.

Nur zwei der fünf Tremiti-Inseln sind das Jahr über bewohnt, San Domino und San Nicola.

Links: Am Hafen von San Nicola stehen die Reste einer befestigten Klosteranlage aus dem 11. Jahrhundert mit der Abteikirche Santa Maria a Mare.

Die Tremiti-Inseln sind auch ein beliebtes Tauchrevier.

Nicht nur Capri ist berühmt für seine Faraglioni, auch in der Baia delle Zagare bei Mattinata gibt es solche markanten, spektakulär aus dem Meer ragenden Felsformationen.

In San Giovanni Rotondo wirkte einst Padre Pio, einer der populärsten Wunderheiler Italiens.

Rechts: Nach der Peterskirche in Rom ist San Giovanni Rotondo die meistbesuchte Pilgerstätte des Landes. Für die jährlich rund 7 Mio. Besucher entwarf der italienische Stararchitekt Renzo Piano die Chiesa San Pio da Pietrelcina, ein zeltartig angelegtes statisches Wunder aus Kalkstein. Die Wallfahrtskirche selbst bietet Platz für 6500 Pilger, der Vorplatz fasst weitere 30 000.

Padre-Pio-Statue in der Chiesa Santa Maria delle Grazie. Von deren Krypta wurden die Reliquien des im Jahr 2002 heiliggesprochenen, für seine blutenden Wundmale bekannten Priesters 2010 in die Unterkirche der neuen, größeren Wallfahrtsbasilika von Renzo Piano gebracht.

Nördlich von Manfredonia ziehen sich die spitzgiebeligen „Reihenhäuser" von Monte Sant'Angelo den Hang hinauf. Berühmt ist der Ort für das Grottenheiligtum Santuario di San Michele.

Von der Fortezza Sveva-Angioina in Lucera hat man einen herrlichen Blick über den wie ein geometrischer Flickenteppich gegliederten Tavoliere. Hier siedelte einst Friedrich II. seine Leibwache an – Tausende von Sarazenen aus Sizilien.

Zu zwei berühmten Heiligen pilgern die Gläubigen auf dem Gargano, zum altehrwürdigen Erzengel Michael und zum neuzeitlichen Padre Pio. Letzterem baute der italienische Stararchitekt Renzo Piano in San Giovanni Rotondo die Wallfahrtsbasilika San Pio da Pietrelcina. Der riesige Zentralbau fasst 6500 Menschen und ist nach der Peterskirche in Rom die zweitgrößte Kirche Italiens. Menschenmassen strömen in die Kirche, in der Krypta ruhen die sterblichen Überreste des Padre in einem Glassarg, an dem die Pilger vorbeiziehen. Die Krypta ist reich mit Gold ausgestattet, Fresken vergleichen die Lebensgeschichte Pios mit der Legende des heiligen Franz von Assisi, des Bettelmönchs. Dabei ist Padre Pio nicht unumstritten. Geboren 1887 in Kampanien, kam er als junger Priester nach San Giovanni Rotondo, wo er 1968 starb. Ab 1918 sollen sich bei ihm Stigmata gezeigt haben, die Wundmale Christi. Ärztlichen Untersuchungen zufolge waren sie natürlicher Art – verursacht durch eine Nekrose: Padre Pio war angeblich in Foggia Kunde einer Apotheke, in der er sich mit Stoffen versorgte, mit denen man sich Wunden in die Haut brennen kann. Dennoch reisten nach und nach immer mehr Pilger an, die den Padre als Wunderheiler verehrten.

Unstrittig ist das soziale Engagement des asketisch lebenden Padre, der 2002 heiliggesprochen wurde. Mit Spendengeldern ließ er im damals medizinisch unterversorgten Apulien die *Casa Sollievo della Sofferenza* (Haus zur Linderung des Leidens) errichten, heute einer der größten und modernsten Hospitalkomplexe des Landes, um den sich ein Netz aus Spezialkliniken mit vielen Hotels und Pilgerheimen gebildet hat. Für Süditalien ist das vielleicht schon Wunder genug.

(K)ein Ort der Einkehr

Im nahen Monte Sant'Angelo, einem der ältesten Pilgerorte des Abendlandes, soll im Jahr 492 Hirten der Erzengel Michael erschienen sein. Wer hier einen Ort der Einkehr erwartet – besinnlich geht anders. Schon am Ortsrand auf dem Parkplatz dröhnt Tarantella-Musik, Devotionalien-Buden fangen die Besucherströme ab.

Südwestlich von Foggia schraubt sich eine schöne Serpentinentour hinauf nach Sant' Agata di Puglia in fast 800 Metern Höhe.

Alles drängt die Gassen hinab, zur Grottenkirche San Michele. Nur der achteckige Glockenturm ist zu sehen sowie ein Portal mit einer über tausend Jahre alten Bronzetüre. Dahinter geht es in den Felsen hinein, ins Schummerlicht der unterirdischen Grotte. Doch, die Magie des Ortes nimmt einen dann schon gefangen. Regelmäßig werden in der Höhlenkirche Messen gelesen. Wenn am Ende die Betenden gemeinsam das Vaterunser murmeln, erinnert das an alte kultische, mystische Riten.

Der Erzengel und die Mafia

Oberhalb im Dorf geht es nicht ganz so urchristlich zu. Monte Sant'Angelo gilt als Heimat des Mafiaclans Libergolis, immer wieder gibt es Verhaftungen wegen allem, was das Strafgesetzbuch so hergibt: Erpressung, Schutzgelder, Geldwäsche, Drogenhandel, Zigarettenschmuggel, Entführung und Mord. Im Juli 2015 wurde das Gemeindeparlament auf richterliche Verfügung hin aufgelöst: wegen mafiöser Strukturen und organisierter Kriminalität. Außen, am Eingang zur Grottenkirche, steht geschrieben, dass demjenigen, der die Grotte betrete, alle Sünden vergeben werden. Der Erzengel Michael gilt als der Bezwinger des Satans und alles Bösen; offensichtlich ist er am rechten Ort gelandet. Er hat viel zu tun.

Special

Friedrich II.

Wir sind Kaiser

War der Staufer-Kaiser Friedrich II. ein Deutscher? Als Herrscher des römisch-deutschen Reiches liegt diese Vermutung durchaus nahe, was auch den ungebrochenen Friedrich-Kult in Deutschland erklären würde.

Aber Friedrich wurde im Jahr 1194 bei Ancona geboren, starb 1250 im apulischen Castel Fiorentino und hielt sich zumeist in Italien auf. Er war ein an den Wissenschaften und Künsten interessierter Mann, gründete die Universität von Neapel, erließ Gesetze gegen Umweltverschmutzungen sowie eine Approbationsordnung für Ärzte, begeisterte sich für die Jagd mit Falken und schrieb darüber sein berühmtes Buch „Über die Kunst, mit Vögeln zu jagen".

Vom Jahr der Kaiserkrönung (1220) bis zu seinem Tod wurden unter Friedrich II. fast 300 Bauwerke neu geschaffen oder ausgebaut – aber mit der Kathedrale von Altamura in Apulien nur eine einzige Kirche. Am Hof Friedrichs sammelten sich christliche, muslimische und jüdische Gelehrte. Und doch spielten auch Religionsfehden in seinem Leben eine Rolle. Er führte Kreuzzüge, war König von Jerusalem und wurde dennoch als Ketzer exkommuniziert. Für seine Anhänger verkörperte Friedrich gar das „Staunen der Welt" *(stupor mundi)*. Mehr Gegensätze kann man kaum in ein Leben packen.

Kanzelrelief in der Kathedrale von Bitonto mit Friedrich II. (zweiter von rechts).

Links: Bei dem am dritten Sonntag im Mai beginnenden Patronatsfest in San Severo werden Heiligenfiguren durch die Straßen getragen.

Unten: Schon die Römer nutzten Luceras strategisch günstige Lage auf einer Anhöhe über dem Tavoliere. Aus dieser Zeit stammt noch das Amphitheater am östlichen Altstadtrand.

Rechts: Antiquitätenmarkt auf der Piazza Cavour in Foggia. Vor rund 2500 Jahren siedelten in dieser Gegend die Daunier, eines der ältesten apulischen Kulturvölker. Foggia selbst begann sich aber erst im Mittelalter unter den Normannen als Stadt zu entwickeln.

EMIGRANTEN, IMMIGRANTEN

Wir sitzen alle im selben Boot

Das Leben in der Heimat war nicht mehr auszuhalten. Um sich und ihren Kindern eine bessere Zukunft zu ermöglichen, emigrierten sie, machten sich auf den Weg zu einem anderen Kontinent. So, wie sich vor hundert Jahren auch die Italiener aufmachten.

Die Siedlung bei San Ferdinando wird *Baraccopoli* genannt, Barackenstadt. Tatsächlich handelt es sich um einen Slum. In der Nähe von Trani leben Hunderte von Migranten, sie schlafen auf Matratzen auf der Erde, nur eine Plane darüber. Wer mehr Glück hatte, ergatterte einen Platz mit zwanzig anderen in einem Raum. Die meisten kommen aus afrikanischen Ländern und verdingen sich nun als Saisonarbeiter. Dank ihrer Arbeit auf den Tomatenfeldern Süditaliens kostet das Kilo Tomaten nicht mal einen Euro.

Matteo Koffi Fraschini, ein italienischer Journalist mit togolesischen Wurzeln, verbrachte einen Sommer auf den Gemüsefeldern Apuliens und recherchierte in diesem Zusammenhang viele Zahlen: Demnach schuften rund 250000 Menschen als Erntehelfer, etwa 60000 bis 80000 davon illegal. Der Stundenlohn beträgt zwei Euro fünfzig. In einer Stunde ernten die Männer 300 Kilo Tomaten.

Legal, illegal – tot?

Südlich von Foggia breitet sich die fruchtbare Ebene des Südens aus. Auf den riesigen Anbauflächen wächst, was man mit der Küche Italiens verbindet: Oliven, Spargel, Artischocken, Brokkoli, Zitronen – und eben Tomaten. Die Arbeit ist brutal. In besonders heißen Sommern fordert sie manchmal sogar Todesopfer wie den 47 Jahre alten Sudanesen in Nardò, der in der sengenden Mittagshitze auf einem Tomatenfeld einen Herzinfarkt erlitt. Er war erst am Tag zuvor aus Sizilien eingetroffen.

Es geht auch anders

Dass man Immigranten auch menschenwürdig leben lassen kann, auch dafür gibt es Beispiele im Süden. Denn fremd zu sein in der Fremde, ist für viele Italiener ja nichts Fremdes: Fern der Heimat unter erbärmlichen Bedingungen für einen Hungerlohn zu schuften – diese Erfahrung schrieb sich tief in die italienische Geschichte ein. Vierzehn Millionen Italiener verließen bis zum Ersten Weltkrieg ihre Heimat, Wirtschaftsflüchtlinge allesamt, die auf den amerikanischen Kontinent emigrierten. Ein Großteil von ihnen ging in die USA, ihre Kinder sind heute alle US-amerikanische Staatsbürger. In Italien dagegen bleiben die Nachgeborenen der Immigranten Ausländer, denn dort gilt allein das auch als „Blutrecht" bezeichnete Abstammungsprinzip, nach dem sich die Nationalität der Kinder über die ihrer Eltern definiert – im Unterschied zu den USA, wo neben dem Abstammungs- auch das Geburtsortprinzip gilt. Letzteres wird nun auch in Italien eingefordert: *Chi nasce in Italia è italiano* (sinngemäß: Wer in Italien geboren ist, ist Italiener) heißt eine Bewegung, die sich dafür einsetzt.

Die Realität anerkennen

Laura Boldrini, eine linke Politikerin und Präsidentin der Abgeordnetenkammer, reiste im Jahr 2016 durch Kalabrien. In Lamezia Terme kam sie zu einem feierlichen Akt, bei dem 400 Immigrantenkindern die italienische Staatsbürgerschaft verliehen wurde. Auch der Bürgermeister der Stadt, der den sinnigen Nachnamen *Speranza* (Hoffnung) trägt, zeigte sich erfreut. Im Zeitalter der Globalisierung könne man die Realität nicht mehr ignorieren, dass in Italien Menschen leben, die von woanders herkamen, „aber nun Teil unserer Gesellschaft sind". In Italien leben über vier Millionen Immigranten. Viele Kinder von ihnen wurden hier geboren, „und sie sind mit unseren Kindern aufgewachsen. Also sind sie Italiener".

Oben: Blick auf das Castello Aragonese in Tarent (Apulien).

Unten: Gut aufbereitetes Anschauungsmaterial bietet das Emigrationsmuseum in Camigliatello Silano (Kalabrien).

Linke Seite: Saisonarbeiter in Rosarno (Kalabrien).

Fakten & Informationen

Das multimedial aufbereitete Emigrationsmuseum in Kalabrien zeigt anschaulich die Geschichte wechselseitiger Migrationsbewegungen auf. Man spaziert über das Deck eines Ozeandampfers und kann Auswanderergeschichten nachverfolgen. Interessante temporäre Ausstellungen tragen Titel wie: „Wir sitzen alle im selben Boot".

La Nave della Sila, Juli Fr.–So. 10.00–14.00 und 15.30 bis 18.00, Aug. tgl. bis 19.30, Sept. Sa/So. 10.00–14.00 und 15.30–18.00 Uhr, Camigliatello Silano, Tel. 0984578200, www.lanavedellasila.it

Parco Nazionale del Gargano
Promontorio del Gargano
Foresta Umbra
Golfo di Manfredonia
Lago di Lesina
Lago di Varano
Isole Tremiti
Isola Capraia o Caprara
Isola San Nicola
Isola San Domino
Peschici
Vieste
Rodi Garganico
Vico del Gargano
Ischitella
Cagnano Varano
Carpino
San Nicandro Garganico
Lesina
Apricena
San Severo
Torremaggiore
Lucera
Foggia
San Marco in Lamis
San Giovanni Rotondo
Monte Sant'Angelo
Mattinata
Manfredonia
Rignano Garganico
Troia
Margherita di Savoia
Trinitapoli
Zapponeta
Maßstab 1:350.000
6km

Im grünen Norden

Den wie eine Halbinsel ins Meer vorstoßenden Stiefelsporn Gargano prägen kleine Badebuchten und hübsche Fischerorte an der Küste, zu schattigen Spaziergängen wie zum Picknick einladende Wälder im zentralen Hinterland, und von da geht es hinab in eine weite Ebene mit ausgedehnten Tomatenplantagen und Kornfeldern. Doch zunächst einmal sehen wir uns auf ein paar (auch sehr schönen) Inseln um …

1 Isole Tremiti

Als Riserva Marina bildet der Archipel **Isole Tremiti** TOPZIEL einen Teil des Nationalparks Gargano. Die fünf Inseln liegen etwa 20 km nördlich des Gargano und sind dank des sie umgebenden klaren Wassers bei Tauchern und Schnorchlern beliebt. Nur zwei Inseln, San Nicola und San Domino, sind bewohnt. Erst wenn die Tagesgäste abgereist sind, entfalten sie ihren ganzen Zauber.

SEHENSWERT

Im autofreien **San Nicola** (130 Ew.) legen die Boote an. Die Benediktiner-Klosteranlage aus dem 11. Jh. thront überm Meer. Auf der größeren Nachbarinsel **San Domino** (350 Ew.), früher „Tremetis" genannt, wurde eine neolithische Siedlung aus dem 7. Jt. v.Chr. entdeckt.

Tipp

Taucherfreuden

Die Tremiti-Inseln sind schon über Wasser sehenswert, ihre ganze Schönheit entfaltet sich allerdings erst unter der Wasseroberfläche. Kurios: Ins kristallklare Meer wurde eine drei Meter hohe Padre-Pio-Statue versenkt.

INFORMATION

Tauchausflüge organisiert das Tremiti Diving Center (Via Federico II, Villaggio San Domino, Tel. 337 64 89 17, www.tremitidivingcenter.com)

Altstadtbummel in Vieste mit Blick auf die Chiesa di San Francesco im Bildhintergrund. Rechts oben: Lecker speisen kann man im Ristorante Il Capriccio an Viestes Porto Turistico. Darunter: Marktszene in Vieste.

UNTERKUNFT

Im **€€€ Hotel Gabbiano** (Via Giuseppe Garibaldi 5, Villaggio San Domino, Isole Tremiti, Tel. 08 82 46 34 10, www.hotel-gabbiano.com) genießt man den Blick zur Insel San Nicola.

INFORMATION

Schiffe zu den Inseln fahren von Vieste, Peschici, Rodi Garganico und von Manfredonia aus. Tickets können online über www.tremiti.eu gebucht werden. Allgemeine Informationen: www.leisoletremiti.it

2 Vieste

Der Sporn des italienischen Stiefels ist geologisch betrachtet ein Teil des gegenüberliegenden Dalmatiens, was seine zerklüftete Küstenform erklärt. Bucht an Bucht schlängelt sich hier entlang, und die Küstenorte hocken wie Vogelnester darüber. Ein Bilderbuch-Italien.

SEHENSWERT/MUSEUM/ERLEBEN

Das touristische Zentrum des Gargano, Vieste (13 400 Ew.), schiebt sich auf einem Felssporn ins Meer hinaus, die Häuser strahlend weiß. Wahrzeichen ist der **Pizzomunno**, ein 26 m hoher weißer Fels an der Spiaggia della Scialara. Die **Cattedrale S. Maria Assunta** (Via Vescovado) hat zwar einen barocken Campanile, wurde aber im 11. Jh. auf den Resten eines Vesta-Tempels erbaut, so erklärt sich auch der Name des Ortes. Fast wie eine Festung wirkt das ummauerte Kloster **San Francesco** (Via San Francesco 2), 1546 erbaut wie auch die Kirche. Beides wurde bei einem Erdbeben 1646 zerstört, danach wieder aufgebaut. Unterhalb des Klosters steht ein halb verfallener Trabucco. Im **Museo Malacologico** (Via Pola 8, www.museomalacologicovieste.it, tgl. 9.30 bis 12.30 und 14.00–20.00 Uhr, Eintritt frei) sind über 12 000 Muscheln aus der ganzen Welt zu sehen. Viestes Strände: die **Spiaggia della Scialara** im Süden und **San Lorenzo** im Norden. Verschiedene Bootstouren zu Meeresgrotten starten im Hafen von Vieste und dauern in er Regel zwei Stunden. Badesachen nicht vergessen (Motobarca Desirée, www.grottemarinegargano.com, Motobarche Leonarda, www.motobarcheleonarda.it).

RESTAURANTS/UNTERKUNFT

Im eleganten €€€ **Ristorante Il Capriccio** (Porto Turistico, 08 84 70 78 99, www.ilcapricciodivieste.it) serviert Leonardo Vescera wohlmundende Fusion-Küche. In der Via Pola gibt es einige Restaurants mit Meerblick. Im €€ **Grottino** (Via Pola 40, Tel. 08 84 70 84 18) ist die Fischsuppe besonders zu empfehlen.

Spezialpreise garantiert für Devotionalienkitsch: in San Giovanni Rotondo. Rechts oben: Im Nationalpark Gargano begegnet man auch Hirschen. Darunter: Strandvergnügen in der Baia Zaiana bei Peschici.

> *Wer in die Grottenkirche San Michele eintritt, dem werden sämtliche Sünden vergeben.*
>
> *Inschrift über dem Eingangsportal*

Im €€/€€€ **Hotel degli Aranci** (Piazza S. Maria delle Grazie 10, Vieste, Tel. 84 70 85 57, www.hotelaranci.it) sind die Zimmer groß, der Pool ist gepflegt – zum langen Sandstrand braucht man nur ein paar Minuten zu Fuß.

UMGEBUNG

An der Küste 15 km weiter gen Norden kommt man nach **Peschici** (4570 Ew.), das bereits im 10. Jh. gegründet wurde. Richtung Süden folgt **Mattinata**, an dessen Strand sich der Monte Saraceno (Nekropole) erhebt. Wieder in nördlicher Richtung, auf halbem Weg nach **Pugnochiuso**, stößt man auf herrliche Strände wie in der **Baia delle Zagare** (siehe „Unsere Favoriten", S. 22/23).

INFORMATION

Informazioni ed Accoglienza Turistica, Piazza Kennedy, Tel. 08 84 70 88 06, www.turismovieste.it

3 Nationalpark Gargano

Den Großteil des zentralen Gargano macht der 1881 km² große Parco Nazionale del Gargano aus.

SEHENSWERT

Berühmt ist der Nationalpark für seine alten Pinien, den Buchenwald der **Foresta Umbra** TOPZIEL, und zwei Wallfahrtsorte. Die Foresta Umbra bietet sich für Wanderungen oder Pick-nick-Ausflüge an (Informationen, Leihräder und Wanderkarten in den Tourismusbüros, im Besucherzentrum des Parks oder – auf Italienisch – hier: www.gargano.it/fare-trekking/). Gewundene Bergstraßen führen die südlichen Berghänge des Gargano hinauf nach **Monte Sant'Angelo** (12 900 Ew.). Hier soll Hirten im Jahr 492 der Erzengel erschienen sein. Die **Grottenkirche San Michele** (Kernöffnungszeit tgl. 7.30–12.30 und 14.30–17.00 Uhr) gehört zum mehrere ehemalige Machtzentren der Langobarden in Italien umfassenden Welterbe der UNESCO. Für hungrige Pilger: In der **Bäckerei Forno Taronna** (Via Garibaldi 31, Monte Sant'Angelo) gibt es als lokale Spezialität „gefüllte Hostien" – mit Honig und Mandeln. Nach **San Giovanni Rotondo** (27 500 Ew.) reisen jährlich bis zu sieben Millionen Pilger. Sie wollen zu San Pio (1887–1968), dem 2002 heiliggesprochenen Padre (Wallfahrtsbasilika San Pio da Pietrelcina, tgl. 7.00–20.00, Krypta bis 19.30, 20.00–21.00 Uhr zum Rosenkranzbeten).

UNTERKUNFT

In der € **Casa del Pellegrino** (Via Reale Basilica 129, Monte Sant'Angelo, Tel. 08 84 56 23 96) logiert man klösterlich schlicht.

INFORMATION

Besucherzentrum des Nationalparks Gargano: Monte Sant'Angelo, Largo Roberto il Guiscardo, (im Castello, Tel. 08 84 56 54 44, www.parcogargano.gov.it/servizi/notizie/notizie_homepage.aspx).
Monte Sant'Angelo: Assessorato al Turismo, Piazza Municipio 2, Tel. 08 84 56 10 18, www.turismomontesantangelo.it

4 Lucera

Der Ort mit seinen rund 34 000 Einwohnern thront auf einem Plateau über der großen Apulischen Ebene (Tavoliere di Puglia). Gegründet wurde er von den Dauniern, einem Volk illyrischer Abstammung; später bauten die Römer ihn aus. Friedrich II. ließ aufständische muslimische Einwohner Siziliens hierher bringen. Mit diesen schuf er eine Spezialeinheit, die ihm in Feldzügen und als Leibwache diente.

SEHENSWERT/MUSEUM

Die im 14. Jh. errichtete **Kathedrale Santa Maria Assunta** (Piazza del Duomo, Mo.–Sa. 8.00–12.00 und 17.00–20.00, So. bis 13.00 Uhr, www.comune.lucera.fg.it/castello.asp) wurde über der Ruine einer früheren Moschee errichtet. Prunkstück ist eine vergoldete Marienstatue. Im Westen der Stadt erhebt sich die unter Friedrich II. errichtete, unter Karl I. von Anjou erweiterte **Fortezza Svevo-Angioina** (Di.–So. 9.00–13.30, Di. und Sa. auch 14.30–16.30 Uhr). Am östlichen Rand der Altstadt findet man ein römisches **Amphitheater** aus der Zeit des Kaisers Augustus (63 v.Chr.–14 n.Chr., Di.–So. 9.00–13.30, Di. und Sa. auch 14.30–16.30 Uhr). Exponate zu Luceras römischer Vergangenheit und zur Stauferzeit präsentiert das **Museo Civico Fiorelli** (Via dei Nicastri 36, Di.–So., 9.00 bis 13.00, Di.–Sa. 15.00–19.00 Uhr, www.comune.lucera.fg.it/museo.asp).

RESTAURANT/UNTERKUNFT

Im €€€ **Palazzo D'Auria Secondo** (Piazza Oberdan 3, Tel. 08 81 53 04 46, www.palazzodauriasecondo.it, Di.–So., mittags und abends) wird gehobene apulische Küche serviert.
Ein gehobenes B&B ist das €€ **Muro Torto** (Piazza del Popolo 7, Tel. 08 81 52 07 40, www.murotortolucera.it).

INFORMATION

Centro Informazione Turistica Lucera, Piazza Nocelli 6 (beim Dom), www.comune.lucera.fg.it

Tipp

Zum Erzengel

Ein **Pilgerweg** führt in 25 Tagesetappen vom Latium in den Gargano. Die letzte (empfehlenswerte) Tagestour wandert man von San Giovanni Rotondo nach Monte Sant'Angelo hinauf zum Erzengel.

INFORMATION

www.diquipassofrancesco.it

5 Foggia

Die Provinzhauptstadt (156 000 Ew.) lockt weniger mit Sehenswürdigkeiten als mit italienischem Alltagsflair. Ein guter Ausgangspunkt für Touren, nur im Sommer steht die Hitze unerträglich über der Apulischen Ebene.

SEHENSWERT
Nach dem Erdbeben von 1731 wurde die Innenstadt neu erbaut, so auch die **Cattedrale S. Maria Icona Vetere** (Piazza Duomo), deren Grundform noch aus dem 12. Jh. stammt. Sehenswert sind die Krypta und ein erst im 20.Jh. wiederentdecktes Portal aus dem 13. Jh. an der Nordseite.

RESTAURANT/UNTERKUNFT
Im modernen **€€ Ristorante del Cacciatore** (Via P. Mascagni 12, Tel. 08 81 77 18 39, www.albergodelcacciatore.it) kann man den Abend in der Weinbar ausklingen lassen.
Das gemütliche B&B **€€ Malie** an der Piazza Mercato 43 (Tel. 33 83 79 20 04, www.malie.it) ist in einem alten Palazzo untergebracht.

UMGEBUNG
Zu den schönsten Sakralbauten der apulischen Romanik zählt die ab dem 11. Jh. errichtete Cattedrale Santa Maria Assunta in **Troia** (7300 Ew., Corso Regina Magherita, tgl. 7.00–13.00 und 16.00–20.00 Uhr). Etwa 50 km südöstl. würfeln sich in **Sant'Agata di Puglia** (2000 Ew.) die Häuser höchst ansehnlich einen Hang hinauf.

INFORMATION
APT Foggia, Via E. Perrone 17,
www.viaggiareinpuglia.it,
www.pugliaturismo.com/apt-foggia/

6 Saline Margherita di Savoia

Das Feuchtgebiet der Salinen von Margherita di Savoia ist mit 40 km² Fläche die größte maritime Saline in ganz Italien. Die Küstenbecken aus Brack- und Sumpfwasser sind eine Oase für die Vogelwelt.

SEHENSWERT/MUSEUM/ERLEBEN
Die **Salinen** wurden 1971 zum Feuchtgebiet von internationalem Wert erklärt. Sogar Flamingos sind zu sehen. Die Salzbecken und Kanäle der größten Salzgewinnungsstätten Europas verlaufen über 20 km parallel zur Küste. Interessant ist das **Museum** dazu (Via Africa Orientale 50, Margherita di Savoia, www.museosalina.it, Mo. bis Fr. 10.00–12.00 Uhr). Diverse „bagni“ (klassische italienische Strandbäder) finden sich am Sandstrand von **Margherita di Savoia**. Dort gibt es auch einfache Kioske für einen Mittagssnack.

INFORMATION
Die Salinen können mit einer geführten Tour im eigenen Fahrzeug besichtigt werden (nur nach Voranmeldung: Tel. 08 83 65 66 76, www.margheritadisavoia.com).

Genießen Erleben Erfahren

DuMont Aktiv

Trabucchi-Wanderung

Die Küste des Gargano lädt zu einer Wanderung ein, am besten früh morgens, auf jeden Fall mit Sonnenhut. Sehenswert ist nicht nur das Zusammenspiel von Felsen und Meer, sondern auch die Abfolge der Trabucchi – archaische Fischfanggestelle aus Holz.

Trabucchi sind ein System von Pfahlbauten auf Felsen. Daran hängt ein ins Wasser versenkbares Netz. So musste man zum Fischen nicht aufs Meer hinausfahren. Meistens wird für den Bau das widerstandsfähige Kastanienholz verwendet.

Der Spaziergang beginnt in Vieste. Direkt an der Punta San Francesco steht ein halb verfallener Trabucco. Von hier balanciert man entweder auf den Felsen weiter in Richtung Hafen oder spaziert im Ort dorthin. Ab dem Hafen, in Richtung Norden, findet man aufgereiht am Meer weitere Trabucchi; diese ziehen sich nun entlang bis nach Peschici. Der Weg ist nicht durchgängig zu Fuß begehbar, einige Abschnitte sind privat.

Am besten steckt man sich beim Fremdenverkehrsamt den Busfahrplan ein, wandert so weit man mag und fährt dann mit dem Bus zurück. Wer Lust auf fangfrischen Fisch hat: Der wird in einigen Trabucchi serviert (siehe unten). Damit die Kultur des Fischens mit Trabucchi nicht in Vergessenheit gerät, finanziert der Nationalpark Gargano den Wiederaufbau.

Weitere Informationen
Einige Trabucchi beherbergen Fischrestaurants, so der **€€ Trabucco Punta San Nicola** nördlich von Peschici (Al Trabucco da Mimi, Localitá Punta San Nicola, Peschici, Tel. 08 84 96 25 56, www.altrabucco.it). Hier finden auch Jazz-Abende statt. Einen Besuch lohnt zudem der **€€ Trabucco di Monte Pucci** (Località Montepucci, Peschici, Tel. 34 58 93 31 51, www.trabuccodimontepucci.com).

Fischern ermöglichten die Trabucchi mit ihren weit ins Meer reichenden Masten, ohne Boot und trockenen Fußes zu fischen. Wanderern wie hier bei Vieste dienen sie heute zur Orientierung.

BAR
ENOTECA
PASTICCERIA

Eine goldene Mitgift

„Terra di Bari“ (Land von Bari) wird die sich südöstlich an den Gargano anschließende Region auch genannt. Mit gutem Grund: Die Regionalhauptstadt Bari ist nach Neapel die bedeutendste Metropole im italienischen Süden – und doch nur eine von vielen Attraktionen einer Reise auch ins Hinterland des mittleren Apulien.

Die „Trulli“ von Alberobello – zylindrisch aufgebaute Rundhäuser mit kuppelförmigem Dach, deren Mauern ohne Mörtel aufgeschichtet wurden – sind UNESCO-Welterbe.

Am Lungomare Nazario Sauro in der apulischen Regionalhauptstadt Bari.

Vom Reliquienkult versprach man sich auch in Bari höchst lukrative Pilgerströme.

Gemurmel in der Krypta, Frauen mit Kopftüchern sprechen leise vor sich hin. Aber das ist kein italienisches Gemurmel, die Frauen sprechen russisch. Und zwar alle, die da gerade in die Krypta von San Nicola drängen, um vor dem Heiligen zu beten. Das ist kein Zufall: In Bari gab es bereits vor dem ersten Weltkrieg eine russisch-orthodoxe Gemeinde, die den heiligen Nikolaus hoch verehrt, und seit dem Ende der Sowjetunion hat sich der Pilgerstrom zum Grab des Heiligen offenkundig verstärkt.

Der geraubte Heilige

Bari war spät dran. Alle wichtigen Städte hatten im frühen Mittelalter schon ihren Heiligen oder hüteten zumindest dessen Reliquien. Denn vom Reliquienkult versprach man sich neben dem gewünschten Beistand im Glauben nicht zuletzt auch höchst lukrative Pilgerströme. Venedig etwa galt schon seit dem 9. Jahrhundert als „Stadt des Markus", und um diesen Status zu erlangen, war man nicht sehr zimperlich gewesen, sondern hatte kurzerhand im Jahr 828 die Gebeine des Evangelisten aus Alexandria geraubt und in die Lagunenstadt gebracht.

Nach dem gleichen Muster gedachte man nun auch in Bari zu verfahren. Hier fiel die Wahl auf den im Orient wie im Abendland gleichermaßen verehrten Nikolaus von Myra, der im 4. Jahrhundert als Bischof in dieser kleinasiatischen Stadt – dem heute türkischen Demre etwa hundert Kilometer südwestlich von Antalya – gewirkt hatte und auch am Konzil von Nizäa (325) teilgenommen haben soll. In Myra war sein Legendenstatus zunächst vor allem in der Ostkirche gewachsen, doch nun taten sich Baris Adel und Klerus zusammen, um ein Schiff auf hohe See zu schicken und die Gebeine des Heiligen in ihre Heimatstadt überführen zu lassen.

Eine Begründung für diese „Heimholung" war schnell zur Hand – Myra werde doch immer wieder von Sarazenen überfallen, hieß es; folglich müssten seine Reliquien besser geschützt werden. Und so kamen die Seefahrer, nachdem sie in Myra den Sarkophag des Heiligen aufgebrochen und ihren Auftrag erfolgreich ausgeführt hatten, am 9. Mai 1087 nach Bari zurück, wo eigens für die Reliquien des Heiligen eine Basilika errichtet wurde, San Nicola: Bis heute liegt der Sakralbau wie ein strahlend weißer Ozeanriese unweit vom Meer.

Eine Legende und ihre Folgen

Bald darauf wurde eine Nikolaus-Legende populär, nach der einst ein Vater zu arm

Szenen aus Bari: Historisch kostümierte Teilnehmerin und Prozession während der Festa di San Nicola, Bummel durch die Altstadt und das Innere der Basilica di San Nicola (im Uhrzeigersinn von oben).

Rechts: Sommer, Sonne, Strand an der Spiaggetta di Lama Monachile in Polignano a Mare, einem beliebten Ausflugsort südöstlich von Bari, wo die zum Meer hin offene Altstadt förmlich aus dem steilen, karstigen Felsplateau emporzusteigen scheint.

Links: Gruppenbild mit (Sänger-)Statue in Polignano a Mare. Das Monument erinnert an Domenico Modugno (1928–1994), der durch sein Lied *Nel blu dipinto di blu* (In Blau gemaltes Blau) berühmt wurde. Besser bekannt ist es wohl unter dem – seinen Refrain aufgreifenden – Titel *Volare*, was die wie zum Fliegen (ital. *volare*) ausgebreiteten Arme der Statue erklärt. Rechts: Auch in Molfetta, nordwestlich von Bari, gibt es einen schönen alten Hafen.

Fischerboote im Hafen von Monopoli. Der südöstlich von Bari gelegene Ort wird auch „Rimini des Südens" genannt – wegen der heißen Partys am Strand weiter südlich.

Freiluftdinner im Ristorante La Colonna in Polignano a Mare vor der trutzigen Kulisse der direkt am Meer gelegenen mittelalterlichen Klosteranlage im Vorort San Vito.

gewesen sein soll, um seine drei Töchter zu verheiraten. Deshalb schickte er sie in die Prostitution. Als Bischof Nikolaus davon erfuhr, schenkte er dem Mann für jede Tochter eine Goldkugel – Mitgift genug für einen Ehemann.

Wer heute im Hof der Basilika vor der Nikolausstatue steht und diese Legende vom spendablen Bischof nicht kennt, der wundert sich vermutlich über die drei Goldkugeln, die der Heilige in seinen Händen hält. Aber den Brauch, der auf diese Legende zurückgeht, kennt bestimmt jeder: am Nikolaustag, dem 6. Dezember, den Kindern (nicht nur Töchtern) kleine Geschenke im Namen des Heiligen zu überreichen. In Bari wird zudem jeweils im Mai die Ankunft der Reliquien des Heiligen mit einem Fest gefeiert (siehe „Unsere Favoriten“, S. 92/93).

In den Gassen der Altstadt

Fast so ein Gedränge wie in der Krypta herrscht in der Altstadt von Bari, und das ist kein selbstverständliches Vergnügen. Denn Bari hatte lange einen schlechten Ruf – Kleinkriminelle waren hier auf Handtaschenraub aus wie auf andere Gaunereien; es gab Mafia-Umtriebe und Schießereien. Doch in den letzten Jahren wurde vieles renoviert, Bars und Restaurants haben eröffnet, in kleineren Gassen sitzen Hausfrauen vor der Türe und bereiten flink Orecchiette zu, kleine Pasta-Öhrchen, die sie direkt an ihre Kundschaft verkaufen. Man kann sich im labyrinthartig verwinkelten Gewirr der Gassen verlieren, Blicke in Wohnzimmer werfen, von alten Mauern umgeben. Hier wächst kein Baum, kein Strauch, das erinnert an orientalische Szenen, an eine hinter den Häuserwänden verborgene geschlossene Gesellschaft. Doch inzwischen haben vor allem junge Leute die Stadt für sich erobert. Abends brandet ihr Lärm wie das Stimmengewirr in einem Freibad durch die Gassen – je nachdem in welche Richtung die bewegte Menge, *la movida*, gerade zieht. Sogar eine Riesenleinwand wurde aufgestellt, auf der es heute ausnahmsweise einmal nicht um Fußball geht, sondern um Tennis. Denn im Finale der US-Open stehen gerade erstmals zwei Italienerinnen auf dem Platz, und beide stammen aus Apulien: Flavia Pennetta aus Brindisi und Roberta Vinci aus Taranto. Wer auch immer dieses Match gewinnen wird (Flavia Pennetta) – für Apulien bedeutet das so oder so eine win-win-Situation.

Der Traum vom besseren Leben

Die SS16 ist eine viel befahrene Schnellstraße, sie führt küstennah vom Gargano in den Süden. Urlauber fahren gerne auf ihr, neben der Autobahn, weil man etwas besichtigen und leichter anhalten kann. Auch italienische Männer fahren gern hierher, weil man hier gut anhalten kann. An der Straße stehen junge Frauen unter Sonnenschirmen. Sie warten nicht auf den Bus. Prostitution ist in Italien erlaubt, offizielle Bordelle aber sind verboten. Diese Doppelmoral führt dazu, dass Frauen an der Straße stehen. Früher waren es oft Osteuropäerinnen, nun sieht man vermehrt Afrikanerinnen, häufig aus Nigeria. Laut der *Global Initiative against Transnational Organized Crime* werden mindestens 10 000 junge Nigerianerinnen auf den Straßen Italiens zur Prostitution gezwungen. Der Traum von einem besseren Leben jenseits des Mittelmeers führt in die Sklaverei – die Frauen werden unter falschen Versprechungen nach Europa gelockt.

Der Traum von einem besseren Leben jenseits des Mittelmeers führt in die Sklaverei.

Geschockt war Italien, als sich herausstellte, dass auch italienische Teenagerinnen auf den Strich gehen. Dafür gibt es Gründe, die tief in der italienischen Gesellschaft wurzeln: Noch immer arbeitet nur etwa die Hälfte aller Italienerinnen, und sie verdienen schlecht. Frauen sind selten in Führungspositionen anzutreffen, trotz Quotenregelungen börsennotierter Unternehmen. Dafür bevölkern blutjunge, leicht bekleidete Mädchen die

Kaiser Valentinian soll der mehr als fünf Meter hohe Koloss von Barletta darstellen, dessen Castello Svevo (unten) im Auftrag des Stauferkaisers Friedrich II. errichtet wurde.

Im Hafen von Trani: Netze flicken gehört zum traditionellen Fischereihandwerk, verkauft wird die darin gefangene Beute hier nur wenige Schritte vom Boot entfernt.

Castel del Monte, das berühmte (und ebenfalls zum Welterbe der UNESCO zählende) Kastell des Stauferkaisers …

… besteht aus einem regelmäßigen Achteck mit acht gleichen oktagonalen Türmen und einem achtseitigen Innenhof. Der schon von Weitem unübersehbar auf einer Hügelkuppe thronende Bau wird auch „steinerne Krone Apuliens" genannt.

Shows privater Fernsehkanäle. Ein verheerendes Frauenbild, das *Bunga-Bunga*-Berlusconi dem Land hinterlassen hat.

Die große Unvollendete

Wohl der berühmteste, sicher aber der ungewöhnlichste Bau aus der Zeit des Stauferkaisers Friedrich II. ist das Castel del Monte. Einsam krönt er den einzigen Hügel weit und breit; eine helle steinerne Krone, umgeben vom olivenbaumgrün gesprenkelten Grün der Murgia, wie man die weit geschwungene Landschaft im Hinterland der Küste hier nennt. Ob Friedrich, der in Italien geborene Staufer, das ab dem Jahr 1240 begonnene, vermutlich unvollendet gebliebene und doch so spektakulär trutzig wirkende Kastell errichten ließ, ist höchstwahrscheinlich, aber nicht gewiss. Gesicherte Angaben dazu fehlen, obwohl der Stauferkaiser sonst eifrig geschrieben hat. Auch mit Zahlenmystik war er durchaus vertraut: Die Zahl 8 symbolisiert kosmische Harmonie, steht als Gleichnis auch für die kaiserliche, also für seine Macht. Das Kastell wurde auf einem achteckigen Grundriss angelegt, mit acht achteckigen Türmen und einem Innenhof sowie acht trapezförmigen Räumen je Stockwerk. Gebaut wurde das Ganze aus hellem Kalkstein und wirkt nun wie eine verwunschene Behausung in einem Mystery-Thriller.

Sollte die auf Fernwirkung angelegte Festung anstürmende Feindestruppen abhalten? Oder als leicht überdimensioniertes Jagdschloss dienen, in dem sich Friedrich seiner geliebten Falkenjagd hingeben wollte? Ob er überhaupt jemals hier länger verweilte? Man weiß es nicht, und heute sind sämtliche Räume leer. Über einen der Türme gelangt man ins obere Stockwerk, blickt durch ein Fenster ins Freie. Den Kalktuff schmücken Streifen aus roter Korallenbrekzie, eine Art Konglomeratgestein aus dem Gargano. Das sieht schön aus, ist aber brüchig. Auf den Treppen liegen kleine Steinchen, die aus den Mauern herausgefallen sind. Beim Weiterfahren leuchtet Castel del Monte in der Sonne wie ein hell funkelnder Kristall auf einem dunkelgrünen Hügel. Ein Rätsel aus dem Hochmittelalter …

Ein architektonischer Steuertrick

Das nächste Rätsel wartet weiter südöstlich inmitten einer gepflegten alten Kulturlandschaft, in der schon im Februar die Mandelbäume blühen: Wer zum ersten Mal vor den archaisch wirkenden, „Trulli" genannten Rundbauten steht, wird sich fragen, ob er in eine ferne Zivi-

Für die Dächer der Trulli von Alberobello setzten deren Erbauer flache Steinplatten in immer enger werdenden Kreisen so übereinander, dass jeder Stein etwa zur Hälfte vom darüberliegenden Stein bedeckt und durch dessen Gewicht auch gehalten wird. Viele davon beherbergen heute Ferienwohnungen oder Läden mit Souvenirs – Keramik und gewebte Leinenwäsche zum Beispiel.

Alberobello, die „Hauptstadt der Trulli", liegt im Valle d'Itria – inmitten einer sanft geschwungenen, mit uralten Olivenhainen und Obstbäumen bezaubernden Landschaft.

Bis in die 1950er-Jahre waren die Höhlenlabyrinthe von Matera noch bewohnt.

Special

Abstecher in die Basilikata

Höhlenwohnungen in Matera

Wie ein Keil schiebt sich die Basilikata zwischen Apulien, Kampanien und Kalabrien: bitterarmes Land, Verbannungsland.

Mussolini verbannte Intellektuelle gern in solche Gegenden, fern der Städte. Carlo Levi etwa, 1902 in Turin geboren, wurde als Antifaschist verhaftet und in den Süden verbannt. Nach dem Krieg veröffentlichte er über diese Zeit einen autobiografischen Bericht, dem er den Titel „Christus kam nur bis Eboli" gab. Damit griff er eine Redewendung auf, mit der diejenigen, die hier leben mussten, ihre Lage in Worte fassten – fernab aller Zivilisation, in einer als gottlos erscheinenden Isolation. Während der Verbannung fährt Levi auch nach Matera, das seit der Jungsteinzeit besiedelt und für seine „Sassi" berühmt ist – in den Kalktuff einer tiefen Schlucht eingehauene Höhlenwohnungen, in denen die Menschen unter primitivsten Bedingungen lebten. Levi schreibt von schwarzen Löchern mit Wänden aus Erde, sieht elenden Hausrat und hingeworfene Lumpen, Hunde, Schafe, Ziegen und Schweine. „Im Allgemeinen verfügt jede Familie nur über eine solche Höhle, und darin schlafen alle zusammen, Männer, Frauen, Kinder und Tiere. So leben 20 000 Menschen!"

Museumswohnung im Sasso Caveoso

Sein Bericht hatte Folgen: Anfang der 1950er-Jahre wurden die Bewohner der nun als „nationale Schande" empfundenen Höhlenanlage umgesiedelt. Seit 1993 steht der einstige Schandfleck Matera, inzwischen restauriert, auf der Liste des UNESCO-Welterbes.

lisation gelangt ist. In und um Alberobello schieben die Kegel keck ihre Spitzdächer aus der Landschaft. Ursprünglich waren es Bauernhöfe, Stallungen, Unterstände – und vielleicht auch ein architektonisch gelungener Steuertrick: Da man den Lehnsherren im 17. Jahrhundert für gemauerte Siedlungen Abgaben zahlen musste, errichteten die Bauern Steinbauten in Trockenbauweise. Da diese ohne Mörtel gefügt waren, galten sie nicht als gemauertes Haus.

Schutz vor bösen Mächten

Heute sind die Trulli eine fast schon disneylandartig vermarktete Touristenattraktion. Tagsüber ist Alberobello meistens arg überlaufen, selbst Ausflügler von Kreuzfahrtschiffen karrt man in Bussen hierher. Erst am späten Nachmittag legt sich der Trubel, atmet Alberobello durch, wenigstens für ein paar Stunden. Im sanften Licht betrachtet man die dunkelgrauen Steindächer, auf denen weiß aufgemalte christliche oder heidnische Symbole vor bösen Mächten schützen sollen. Viele Trulli bergen inzwischen Ferienwohnungen, in denen der Besucher gern logiert – zumindest für eine romantische Nacht. Länger möchte sich hier wohl niemand aufhalten, auch keine Einheimischen mehr – dazu sind die Behausungen dieses Weltkulturerbes viel zu klein und zu dunkel.

Blick auf die Piazza Plebiscito mit dem Duomo San Martino in Martina Franca, einem weißen Barockstädtchen in den südlichen Ausläufern der Murge.

Eine Drehbrücke *(Ponte Girevole)* verbindet im ursprünglich von den Griechen am Ionischen Meer gegründeten Taranto Alt- und Neustadt über einen 1481 eröffneten Schifffahrtskanal hinweg.

Links: Den Matrosen der italienischen Marine gewidmet ist dieses Denkmal am Lungomare Vittorio Emanuele III in Tarantos Neustadt. Rechts: Hauptsehenswürdigkeit der Stadt ist das Archäologische Museum – nach dem in Neapel das bedeutendste seiner Art in ganz Süditalien.

Ein mächtiges Kastell mit vier Rundbastionen schützt die Einfahrt von Taranto. In der Mitte des 15. Jahrhunderts errichtet, befindet es sich heute im Besitz der italienischen Marine.

ANTI-MAFIA-BEWEGUNG

Mit Bio-Produkten gegen die Mafia

Wie bekämpft man ein Phantom? Jeder weiß, dass es die Mafia gibt, aber nicht jeder spricht darüber. Fragt man Einheimische in einem süditalienischen Dorf, was es mit den Einschusslöchern in einer Tür auf sich hat, handelt es sich dabei vielleicht um einen Dumme-Jungen-Streich – mit der Mafia aber hat das nichts zu tun ...

Don Luigi Ciotti, Gründer von Libera Terra: „Italien braucht eine Revolution des Gewissens. Wir brauchen den täglichen Einsatz verantwortungsbewusster Bürger, die sich für eine positive Wende im Süden einsetzen."

Das Phantom hat viele Namen. In Apulien herrscht im Norden die *Camorra*, im Süden die *Sacra Corona Unita*. Von Kalabrien aus operiert die *'Ndrangheta*, die mittlerweile als mächtigste Mafiaorganisation in ganz Europa gilt, aber im Juni 2016 einen herben Schlag hinnehmen musste, als ihr seit 20 Jahren auf den internationalen Fahndungslisten stehender Boss Ernesto Fazzalari, nach dem Cosa-Nostra-Boss Matteo Messina Denaro der meistgesuchte Mafioso des Landes, von der Polizei im Schlaf überrascht wurde. Sie holten ihn aus einem Haus in der Nähe seines letzten bekannten Aufenthaltsortes in einer abgelegenen kalabrischen Region, was darauf schließen lässt, dass der bereits in Abwesenheit wegen Mordes zu lebenslanger Haft Verurteilte auf ein großes, engmaschig geknüpftes Netzwerk an Unterstützern vor Ort zurückgreifen konnte.

Eine so spektakuläre Verhaftung wie die von Fazzalari ist einer der wenigen Momente, in denen das Phantom ein Gesicht bekommt. Eines von vielen – doch die im Dunkeln sieht man nicht.

Das Leid der Opfer

Letzteres galt lange auch für die Opfer der organisierten Kriminalität, deren Leid aber nun im Kampf gegen die Mafia zunehmend öffentlich gemacht wird: Etwa von der Tageszeitung *Quotidiano del Sud*, die mit ihrem „Diario della memoria" (Tagebuch der Erinnerung) den Schmerz der Opfer teilen möchte, „weil die, die gestorben sind, auch für die Gemeinschaft gestorben sind." Dieses Diario entsteht in Zusammenarbeit mit *Libera*, der bekanntesten Anti-Mafia-Bewegung Italiens, die einen jährlichen *Giorno della Memoria* (Tag der Erinnerung) ins Leben gerufen hat, um der Mafiaopfer zu gedenken. Zuletzt entwickelte sich daraus am 21. März 2016 eine beeindruckende Großdemonstration, bei der sich rund 350 000 Menschen aus dem ganzen Land in der sizilianischen Küstenstadt Messina versammelten, darunter auch Angehörige von 900 Mafia-Opfern aus ganz Italien und Europa.

Oben: Verhaftung des Camorra-Mitglieds Amirante Vincenzo im Februar 2016 in Neapel.

Links: Unter der Ägide des Kooperativenverbandes Libera Terra werden ehemalige Güter der Mafia, die vom Staat beschlagnahmt wurden, bewirtschaftet.

Befreites Land

Kopf dieser Bewegung ist Don Luigi Ciotti, ein katholischer Priester, für den die Mafia „nicht nur ein kriminelles Element" ist, sondern auch „das Produkt eines Mangels an Demokratie, an sozialer Gerechtigkeit, an Gemeinwohl."

Seine Bewegung macht sich zwei Anti-Mafia-Gesetze zunutze, die in den Jahren 1982 und 1996 erlassen wurden. Mit dem ersten wurde dem italienischen Staat die Möglichkeit gegeben, Besitztümer zu beschlagnahmen, deren Eigentümer im begründe-

Für Don Luigi Ciotti ist die Mafia auch „das Produkt eines Mangels an Demokratie, an sozialer Gerechtigkeit, an Gemeinwohl".

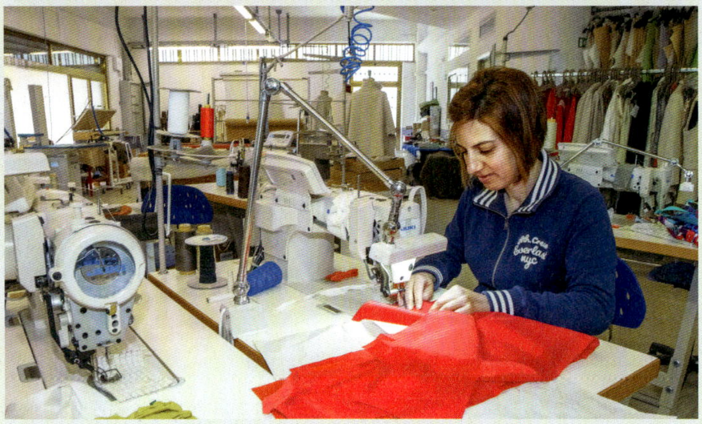

Das kalabrische Mode-Label Cangiari (oben auf dem Catwalk in Rom, unten in einer Manufaktur im kalabrischen Gioiosa Ionica) ging aus dem Sozialkonsortium GOEL hervor, das versucht, mit der Schaffung legaler Arbeitsplätze sozial benachteiligten Menschen eine Zukunftsperspektive zu geben und sie so vor den Fängen der Mafia zu bewahren.

ten Verdacht stehen, mit der Mafia zusammenzuarbeiten. Das zweite Gesetz ermöglichte den Gemeinden, den konfiszierten Besitz zivilgesellschaftlichen Organisationen zur Nutzung für am Gemeinwohl orientierte Zwecke zu überlassen.

Befreites Land

Eine solche Organisation ist der Kooperativenverbund *Libera Terra* (freies Land), unter dessen Ägide nun auf beschlagnahmten Gütern auch in Apulien und Kalabrien Wein, Getreide, Oliven, Obst und Gemüse produziert werden – den EU-Biorichtlinien wie den ethischen Vorgaben des Dachverbands Libera entsprechend, nach denen kein Beteiligter Kontakt zur Mafia haben darf, die Arbeiter sozialversichert sind und auch sonst fair behandelt und bezahlt werden müssen.

Die Kunst des Paten

Auch Kunst wurde und wird konfisziert und dem „Gemeinwohl" zugänglich gemacht. So sind seit Mai 2016 auf der zweiten Etage des Palazzo della Cultura in Reggio di Calabria 125 Gemälde zu sehen, die dem Mafia-Boss Gioacchino Campolo gehörten, der u.a. mit manipulierten Videopoker-Spielautomaten ein Vermögen von 330 Millionen Euro angehäuft hatte. Klingende Namen sind darunter – allerdings handelt es sich bei den vermeintlichen Glanzlichtern der Sammlung, 18 Gemälden von Künstlern wie Dalí und Picasso, allesamt um Fälschungen, denen der Mafiaboss aufgesessen ist.

Wider die „Anbetung des Bösen"

Höchsten Beistand bekommt die Anti-Mafia-Bewegung von Papst Franziskus, dessen Worte an Deutlichkeit nichts zu wünschen übrig lassen: „Dieses Böse muss bekämpft und entfernt werden; wir müssen dazu Nein sagen", forderte er auf einer Kalabrienreise in Cassano all'Ionio in einem Abschlussgottesdienst vor mehr als 200 000 Menschen. Die Mitglieder der 'Ndrangheta seien „exkommuniziert", weil sie die „Straße des Guten" verlassen hätten, betonte er. Ihre Organisation sei die „Anbetung des Bösen und Verachtung des Gemeinwesens".

Wie schwer es trotz aller Erfolge der Anti-Mafia-Bewegung und selbst spektakulärster Festnahmen wie der von Ernesto Fazzalari ist, sich gegen das organisierte Verbrechen zu stellen, verdeutlichen die Worte des italienischen Schriftstellers und Autors (*Gomorra*) Roberto Saviano, der schreibt: „Die Banden in unserem Land mögen unterschiedlich strukturiert sein, aber eines haben alle Mafia-Organisationen gemeinsam: Sie sterben nie ganz aus. In einem großen Verband kann es vielleicht vorkommen, dass eine Familie ausgelöscht wird, aber niemals die Organisation selbst." Düstere Aussichten.

Webadressen

www.liberaterra.it
www.goel.coop
www.addiopizzotravel.it
www.cangiari.it
www.legalundlecker.de
http://mafianeindanke.de

Eine weitere Anti-Mafia-Initiative nennt sich „Addiopizzo“. Deren Mitglieder (wie hier Fabio Conticello, Inhaber der Antica Focacceria San Francesco, in Palermo) verweigern der Mafia offen das „Schutzgeld“ (*Pizzo*), das die organisierten Verbrecher heimlich bei Geschäften und Lokalen eintreiben.

Golfo di Manfredonia
Dubrovnik
Bar
Durrës
Barletta, Andria e Trani
Margherita di Savoia
Barletta
Trani
Bisceglie
Molfetta
Giovinazzo
Santo Spirito
Andria
Canosa di Puglia
Canne
Canne della Battaglia
Corato
Castel del Monte
Minervino Murge
Ruvo di Puglia
Terlizzi
Bitonto
BARI
Torre a Mare
Modugno
Bari Sud
Bari Nord
Palo del Colle
Bitritto
Bitetto
Mariotto
Grumo Appula
Triggiano
Capurso
Noicattaro
Mola di Bari
Cozze
Rutigliano
Grotta Palazzese
Polignano a Mare
Monopoli
Sannicandro di Bari
Adelfia
Casamassima
Conversano
Lamandia
Egnazia
Savelletri
Torre Car
Acquaviva delle Fonti
Cassano delle Murge
Sammichele di Bari
Turi
Grotte di Castellana
Castellana Grotte
Grotte di Putignano
Putignano
Fasano
Noci
Alberobello
Locorotondo
Cisternino
Zona dei Trulli
Valle d'Itria
Martina Franca
Ceglie Messapica
Gioia del Colle
Santeramo in Colle
Parco Nazionale dell' Alta Murgia
Puglia
Murge
Bari
Spinazzola
Trullo di Mezzo
Mont Caccia
Poggiorsini
Lago di Serra del Corvo
M. Muscillo
Altamura
Murgia Sant'Elia
Gravina in Puglia
Irsina
Monte Irsi
Monte Verrutoli
San Chirico Nuovo
Madonna di Picciano
Monte Carbone
Sassi
Matera
Monte Iglino
Tricarico
Grassano
Lago di San Giuliano
Grottole
Miglionico
Parco delle Chiese Rupestri del Materano
Laterza
Ginosa
Castellaneta
Mottola
San Basilio
Monte Orsetti
Massafra
Crispiano
Statte
Palagiano
Montemesola
Grottaglie
Taranto
Chiatona
Isole Cheradi
Mare Grande
Mare Piccolo
Capo San Vito
Lido Bruno
Carosino
San Giorgio Ionico
Fragagnano
Pulsano
Leporano
Lizzano
Marina di Pulsano
Torricella
Montescaglioso
Pomarico
Ferrandina
C. d. Cretagna
Salandra
San Mauro Forte
Garaguso
M. la Croccia
Pietrapertosa
Accettura
Albano di Lucania
Lucane
Matera
Bernalda
Tavole Palatine
Metapontum
Metaponto
Lido di Metaponto
Castellaneta Marina
Marina di Ginosa
Pisticci
Craco
Stigliano
Gorgoglione
Guardia Perticara
Aliano
Missanello
Gallicchio
Montalbano Jonico
Lago di Gannano
Tursi
Lido di Scanzano
Scanzano Jonico
Eraclea
Policoro
Lido di Policoro
Sant'Arcangelo
Roccanova
Monte Sant'Arcangelo
San Chirico Raparo
Lago di Monte Cotugno
Senise
Colobraro
Valsinni
Rotondella
San Giorgio Lucano
Calvera
Chiaromonte
Fardella
Noepoli
Grotta di Ciomma
Canna
Rocca Imperiale
Nova Siri Stazione
Rocca Imperiale Marina
Montegiordano
Episcopia
Francavilla in Sinni
Oriolo
Golfo di Taranto
Maßstab 1:650.000
0
10km

Murge und Meer

Kaum eine andere Region Italiens fasziniert mit einer solchen Dichte an Sehenswürdigkeiten wie das mittlere Apulien. Ob Kultur oder Natur – längs der Adriaküste wie im „Le Murge" genannten Kalksteinplateau des Hinterlands warten jede Menge Attraktionen auf den Reisenden.

1 Bari

Apuliens Regionalhauptstadt Bari (322 751 Ew.) prunkt mit großem Hafen, einer Universität mit 70 000 Studierenden und einem Flughafen.

SEHENSWERT/MUSEEN

Mit dem Bau der **Basilica di San Nicola** (Piazza San Nicola, Mo.–Sa. 7.00–20.30, So. 7.00–22.00 Uhr) begann man im Jahr 1087, 1197 wurde die Kirche geweiht. Sehenswert ist der Bischofsstuhl des Elias (um 1098). In der Krypta ruhen die Gebeine des heiligen Nikolaus. Der Kirchenschatz wird in einem ehemaligen Pilgerhospiz aufbewahrt, im **Museo Nicolaiano** (Largo Abate Elia 13, www.basilicasannicola.it, tgl. 10.30–18.30 Uhr). Im Kloster Santa Scolastica logiert das multimedial aufbereitete **Archäologische Museum** (Largo Monsignor Tommaso M. Ruffo 73, Do.–So. 8.30–18.30 Uhr). Nach dem Vorbild von San Nicola wurde im 12. Jh. über den Ruinen eines byzantinischen Vorgängerbaus die dem früheren Schutzheiligen der Stadt gewidmete **Kathedrale San Sabino** gebaut (tgl. 8.30–19.00 Uhr). Das mit mächtigen Eckbastionen versehene **Castello Svevo** (Do.–Di. 8.30–19.00 Uhr) geht zurück auf eine ursprünglich byzantinisch-normannische Anlage, die im 13. Jh. unter Kaiser Friedrich II. erweitert und im 16. Jh. unter Isabella von Aragón umgestaltet wurde. Baris Opernhaus, das **Teatro Petruzzelli** (1903), wurde bei einem Brand zerstört und 2009 neu eröffnet. Stararchitekt Renzo Piano entwarf das riesige **Stadion San Nicola**.

VERANSTALTUNG

Bei der **Festa di San Nicola** TOPZIEL ab dem 7. Mai wird zur Erinnerung an die Ankunft der Reliquien die Nikolausstatue durch die Altstadt getragen.

SHOPPING

Nordwestlich von Bari liegt an der Autobahn (Ausfahrt Molfetta, gut ausgeschildert) das Shopping-Center **Puglia-Outlet** (www.pugliaoutlet.it, Mo.–Fr. 10.00–20.00, Sa./So. 10.00 bis 21.00 Uhr).

RESTAURANTS UND UNTERKUNFT

In der verkehrsberuhigten Altstadt sitzt man hübsch bei der €€ **L'Osteria del Borgo Antico** (Piazza Mercantile 15, Tel. 33 57 70 98 05) und isst zum Beispiel gute *Orechiette vongole*.

An ein riesiges Raumschiff erinnert das von Renzo Piano für die Fußball-WM 1990 errichtete Stadion San Nicola. Rechts oben: Auditorium des Teatro Petruzzelli in Bari. Darunter: In der Krypta der Basilica di San Nicola werden die Reliquien des Heiligen verwahrt.

Das €€€ **Restaurant Terranima** (Via Putignani 215, Tel. 08 05 21 97 25, www.terranima.com) serviert feine lokale Küche in rustikalem Ambiente. Klare Linie, moderne Fotografie, Design-Bücher in der Lobby – das €€€ **Hotel Imago** (Via Altamura 24, 70122 Bari, Tel. 08 05 21 64 03, www.hotelimago.it) ist schick.

UMGEBUNG

In der Nähe von **Polignano a Mare**, 35 km südöstl., in der Abtei San Vito, lohnt €€€ **La Locanda dell'Abbazia** (Contrada San Vito 193/A, Polignano a Mare, Tel. 08 04 26 56 97, www.locandadellabbazia.it, Mo. geschl.) die Einkehr. Das weiter südöstlich gelegene **Monopoli** lockt mit Sandstrand und einer hübschen Altstadt. **Molfetta**, 37,5 km nordwestl., wird vom direkt am Wasser gelegenen Duomo Vecchio S. Corrado mit seinen drei unterschiedlich hohen Kuppeln dominiert.

INFORMATION

Agenzia regionale Puglia Promozione, Via Aldo Moro 33/A, Tel. 08 05 24 23 61, www.pugliaturismo.com/apt-bari/

2 Trani

Heute eine einladend-elegante Kleinstadt, entwickelte sich Trani (55 700 Ew.) schon früh zu einem der bedeutendsten Handelshäfen Apuliens.

SEHENSWERT

Auch das hiesige **Kastell** (Piazza Manfredi, tgl. 8.30–19.30 Uhr, www.castelloditrani.beniculturali.it) mit seinen drei mächtigen Türmen und der zum Meer gerichteten Fassade ist ein Bau des Stauferkaisers Friedrich II. Die **Kathedrale San Nicola Pellegrino** (Piazza Duomo, Mo. bis Sa. 8.30–12.30 und 15.30–19.00, So. 9.00–12.45 und 16.00–19.00 Uhr) mit ihrer imposanten Freitreppe erhebt sich auf einem Landvorsprung am Hafen über dem tiefblauen Meer. Die **Sinagoga Scolanova** (Via La Giudea 22, nur von außen zu besichtigen) wurde im 17. Jh. zur Kirche umgewandelt, dient aber seit 2005 wieder als jüdisches Gotteshaus.

RESTAURANT/UNTERKUNFT

Schön mit Blick auf den Hafen sitzt man in der €€ **Trattoria Rampa la Conca** (Via Suppor-

Oben rechts: Frischer geht's nicht als hier am Fischstand im Hafen von Trani. Links: La chiesa a trullo di Sant'Antonio in Alberobello. Darunter: Bis auf Kamine, Wasserleitungen und Toiletten blieb von der einstigen Innenausstattung im Castel del Monte nichts erhalten.

tico la Conca 26, Tel. 08 83 76 29 85) und isst Fischgerichte. Im **€€€ Arcò Trani Luxury Bed & Breakfast** (Via Arcangelo Prologo 6, Trani, Tel. 38 80 91 92 83, www.arcotranibb.it) schläft man in einem Palazzo aus dem 18. Jh.

UMGEBUNG

In **Barletta**, 12,5 km weiter nordwestl., wurde gegen Ende des 12. Jh.s unter den Staufern ein Kastell errichtet, in dem heute ein Kulturzentrum mit Gemäldegalerie und dem Museum für Stadtgeschichte untergebracht ist (Castello Svevo, Piazza Cervi, Di.–So. 10.00–20.00 Uhr).

INFORMATION

IAT: Ufficio Informazioni e di Accoglienza Turistica I.A.T. Palazzo Palmieri, Piazza Trieste 10, Tel. 08 83 58 8830, http://turismo.comune.trani.bt.it

3 Andria

Die von den Tourismusströmen wenig beachtete Provinzstadt Andria (100 300 Ew.) wurde zu Zeiten Friedrichs II. gegründet. Heute ist sie ein bedeutendes Zentrum der Lebensmittelindustrie und ein guter Ausgangpunkt für Ausflüge in die Landschaft der Murge.

SEHENSWERT/SHOPPING

Die **Kathedrale Santa Maria Assunta** (Piazza Duomo, Di.–So. 8.30–13.00 und 16.30–19.00 Uhr) wurde im 12. Jh. von den Normannen auf einem Vorgängerbau aus dem 7./8. Jh. erbaut. Dieser bildet heute die Krypta. In der Kirche sollen zwei Ehefrauen des Stauferkaisers bestattet sein.

Italienisches Konfekt gibt es in der **Confetteria Mucci** (Via Gammarotta 12, Andria, Tel. 08 83 59 18 71, www.museodelconfetto.it). Spezialität: *Confetto Federico II*, Knabbermandeln mit Zutaten aus der Zeit des Stauferkaisers.

UMGEBUNG

Das achteckige **Castel del Monte** TOPZIEL (18,5 km südöstl., März–Ende Sept. 10.00 bis 20.00, Okt.–Feb. 9.00–19.00 Uhr, www.casteldelmonte.beniculturali.it) erhebt sich im Nationalpark Murgia (www.parcoaltamurgia.gov.it). In diesem Park wurden Fahrrad-Routen ausgeschildert (http://ciclovie.parcoaltamurgia.it). Über einer Gravina – einer für die Karstgegend typischen Schlucht – liegt 47 km südöstl. **Gravina in Puglia**, dessen Höhlenwohnungen ab dem 11. Jh. verlassen wurden.

INFORMATION

Ufficio IAT, Informazioni Accoglienza Turistica, Piazza Vittorio Emanuele II 16, Tel. 08 83 26 16 05, www.andriapp.it

4 Matera

Matera (60 400 Ew.) liegt in der angrenzenden Region Basilikata. Die berühmten Höhlenwohnungen *(Sassi)* wurden restauriert und gehören heute zum UNESCO-Welterbe. 2019 wird Matera Kulturhauptstadt Europas.

SEHENSWERT/MUSEUM/ERLEBEN

San Giovanni Battista (frühes 13. Jh.) ist eines der schönsten Beispiele für Kirchenbau im romanisch-apulischen Stil. Von Weitem fällt der Campanile von **San Pietro Barisano** (Rione San Biaggio, April–Ende Okt. tgl. 10.00–13.00, 14.30–19.00, Nov.–März Di.–So. 10.30–13.30 Uhr) mit seiner pyramidenförmigen Spitze ins Auge. Die Barockfassade (1755) wurde aus dem Tuffstein der Umgebung gefertigt, der Innenraum um das Jahr 1000 aus dem Stein geschlagen. **S. Lucia alle Malve** ist eine der ältesten Höhlenkirchen Materas (Chiesa rupestre S. Lucia alle Malve, Rione Malve, April bis 1. Nov. tgl. 10.00–13.00, 14.30–19.00, 2. Nov. bis Ende März Di.–So., 10.30–13.30 Uhr). Im **Palazzo Pomarici** (18. Jh.) hat das Skulpturenmuseum seinen Sitz (**Museo della Scultura Contemporanea**, MUSMA, Via S. Giacomo, www.musma.it, April–Sept. 10.00–14.00, 16.00–20.00, Okt. bis März 10.00–14.00 Uhr). Eine Führung durch Materas Unterwelt kann man u.a. bei Eleonora Carmela Bianco buchen, Tel. 32 93 76 51 78, www.visitamatera.it. An Ostern wird in der **Murgia Materana** mit ihren Höhlenkirchen die Passionsgeschichte nachgestellt.

RESTAURANT/UNTERKUNFT

Das €€€ **Baccanti** (Via Sant'Angelo 58, Tel. 08 35 33 37 04, www.baccantiristorante.it, So. abends und Mo. geschl.) ist ein feines Restaurant in einer ehemaligen Höhlenwohnung. Das €€ **Le Monacelle** (Via Riscatto 9, Tel. 08 35 34 40 97, www.lemonacelle.com) offeriert Klosterzellen im ehemaligen Konvent des Sasso Barisano.

INFORMATION

APT Regione Basilicata, Via De Viti De Marco 9, Tel. 08 35 33 19 83, www.basilicataturistica.com

5 Alberobello

Seit 1996 zählt **Alberobello** TOPZIEL (11 000 Ew.) zum UNESCO-Welterbe. Wenn der Reisebus-Ansturm abgeflaut ist, entfalten die Trulli-Viertel Rione Aia Piccola und Rione Monti ihren Zauber. Bereits Ende des 16. Jh.s sollen die ersten Rundbauten entstanden sein.

SEHENSWERT

Auch die **Chiesa S. Antonio** wurde 1926 in Trulli-Form errichtet, der **Trullo Sovrano** ist der einzige doppelstöckige Bau seiner Art.

MUSEUM

Interessantes über die Entstehung der Trulli erfährt man im **Museo del Territorio** (Casa Pez-

Tipp

Schöner Wohnen

Nicht nur Olivenöl und Wein: Die deutsche Gastgeberin Caroline Groszer hat eine einstige Eremitage aus dem 17. Jh. renoviert und mit Designermöbeln ausgestattet; da stehen vor alten Mauern Möbel von Arne Jacobson, Charles und Ray Eames und Philip Starck.

INFO

€€€ Masseria Alchimia, Contrada Fascianello 50, 72015 Fasano, etwa 50 km südlich von Bari, Tel. 33 56 09 46 47, www.masseria-alchimia.it.

zola, Piazza XXVII Marzo, Do.–So. 10.00–13.00, 15.30–19.00 Uhr).

RESTAURANT
€€€ Il Poeta Contadino (Via Indipendenza 21, Tel. 08 04 32 19 17, Mo. geschl. www.ilpoetacontadino.it) serviert Regionales auf hohem Niveau.

UMGEBUNG
Das **Valle d'Itria**, in dem auch Alberobello liegt, ist das Zentrum der Trulli. Weitere Rundbauten finden sich weiter östl. in **Locorotondo**.

INFORMATION
Trullidea, Via Monte San Gabriele 1, Tel. 08 04 32 38 60, www.trullidea.it

6 Martina Franca

Martina Franca (50 000 Ew.) lockt mit üppigem Barock und einer verkehrsberuhigten Altstadt.

SEHENSWERT/VERANSTALTUNGEN
Die **Barockkirche San Martino** (Corso Emanuele, tgl. 7.30–12.30, 16.30–23.00 Uhr) präsentiert Barock apulischer Machart mit 37 m hoher Fassade und einem Altar aus mehrfarbigem Marmor. Mitte Juli beginnt das einmonatige **Festival della Valle d'Itria** mit Opernabenden. Danach folgt Ende August das **Jazz Festival**: www.festivaldellavalleditria.it

RESTAURANT
In der **€€€ Osteria del Coco Pazzo** (Via Arco Mastrovito 18, Martina Franca, Tel. 08 04 83 82 99, 12.30–15.00 und 19.30–23.00 Uhr, im Winter Mo. geschl., www.cocopazzo.it) sitzt man auf einer Terrasse am Rande der Altstadt.

INFORMATION
IAT, Piazza XX Settembre 3, Tel. 08 04 80 57 02, www.facebook.com/ufficioturistico.martinafranca

7 Taranto

Auswanderer aus Sparta gründeten 706 v. Chr. den Ort Taras, der sich bis zum 4. Jh. v. Chr. zu einer der reichsten Städte der Magna Graecia mit bereits 200 000 Einwohnern entwickelte.

SEHENSWERT/MUSEUM
Flaniermeile in der schachbrettartig angelegten Neustadt ist der **Lungomare Vittorio Emanuele III**. Das **Archäologische Nationalmuseum** (MARTA, tgl. 8.30–19.30 Uhr) zeigt Kunstwerke des 4.–1. Jh.s v. Chr.

RESTAURANT
Im **€€ Al Gatto Rosso** (Via Cavour 2, Tel. 09 94 52 63 98 75, Mo. geschl.) serviert Familie Bartoli hervorragend zubereitete Meeresküche.

INFORMATION
A.P.T. (Azienda di Promozione Turistica), Corso Umberto 121, Tel. 09 94 53 23 97, www.pugliaturismo.com/apt-taranto/

Genießen Erleben Erfahren

DuMont Aktiv

Grottiger Ausflug

Steter Tropfen höhlt nicht nur das Karstgestein, er baut es auch wieder auf. So entstehen Tropfsteine, von oben und von unten, Stalagmiten und Stalaktiten wachsen aufeinander zu. Die Grotten von Putignano und Castellana bieten Einlass in eine bizarre Unterwelt mit märchenhaft anmutenden Stalagmiten und Stalaktiten.

In die erst im Jahr 1931 entdeckte Grotte von Putignano gelangt man mit einer Wendeltreppe durch einen Trullo.

Der Zugang von Castellana (Abb. rechts und unten) gleicht einem Höllentor – ein tief ins Innere der Erde führender Schlund, der jahrhundertelang zur Müllentsorgung genutzt wurde, bis Entdeckerdrang einige Mutige im 18. Jh. hineinführte. Die Karstgrotte in etwa 70 m Tiefe ist gut 1600 m lang, die Tropfsteine sind beleuchtet, ein imposantes Spektakel.

Bitte beachten: Hier unten ist es immer relativ frisch, man sollte eine Jacke anziehen.

Weitere Informationen

Grotte di Castellana
Piazza Anelli, Tel. 0 04 99 82 21, www.grottedicastellana.it, geführte Touren von Nov.–Ende Feb. nur nach Anmeldung, sonst tgl. (auch engl. und dt.), Rundgang etwa 2 Std.

Grotta del Trullo di Putignano
bei Putignano (ausgeschildert), Tel. 08 04 91 21 13, www.grottadeltrullo.com, Okt.–Mai 10.00–12.30, 14.30–17.00, Juni–Sept. 9.00–12.30, 14.30–18.00 Uhr

Puglia
Apulia
Il Salento

Im flirrenden Licht des Südens

Von Rom aus betrachtet ist am italienischen Stiefelabsatz die Welt zu Ende: *Finis terrae*. Doch für die Griechen bedeuteten die leuchtenden Felsen des Südens den Zugang zu diesem Teil der Welt. In den weißen Städten flirrt das Licht, fangfrischer Fisch kommt auf den Teller und dazu – noch – Olivenöl und Wein aus dem Salento.

Altstadtbummel hinauf zur Kathedrale in Ostuni, der auf drei Hügeln errichteten „weißen Stadt".

Frühling schickt sein blaues Band (und ein paar leuchtend rote Mohnblumen noch dazu): Ostuni in der Gesamtschau.

„Die Welt ist ein schönes Buch, aber es nützt jenen wenig, die nicht darin zu lesen wissen."

Carlo Goldoni (1707–1793)

Das Meer ist in Santa Maria di Leuca so allgegenwärtig, dass ein Restaurant keinen Meerblick haben muss. Dieser Ort ist die Schuhsohle am Stiefelabsatz von Italien, seine weiß leuchtenden Felsen sind eine Orientierungsbastion – erst recht, seit darauf ein Leuchtturm steht. In den Grotten und Klippen darunter leben Brassen, Langusten, Zackenbarsche. All das gibt es dann auch – in geschmackvoll zubereiteter Form – in den Restaurants im Ort.

Saisonende-Blues

Eine Brise streicht über die Terrasse ohne Meerblick. Die Urlauber rotgesichtig. Wegen der Brise, die tagsüber nur scheinbar die Sonne mildert. Strandleben am Ende der Saison: eine blonde Süditalienerin und ihre drei kleinen Jungs. Die bauen Sandburgen, sie schimpft: Ich lege mich jetzt auf die Mole. Ich hasse Sand. Das ist das letzte Mal, dass ich mit euch an einen Sandstrand gehe. Die Kinder greinen. Nein, Mama, du sollst hier bei uns bleiben. Saisonende-Blues. Sonst ist niemand hier. Leer sind auch die gemauerten Kabäuschen, die aussehen wie Kulträume einer fremden Religion. Tatsächlich handelt es sich um Umkleidehäuschen, erbaut vor gut hundert Jahren, passend zu den jugendstilig-orientalischen Villen der Sommerfrischler aus Lecce.

Über dem Ort stand einst ein Minerva-Tempel. Der Legende nach zerfiel er, als der heilige Petrus nach Leuca kam. Die Römer nannten das Heiligtum *Basilica de Finibus Terrae* – für sie war dies das Ende der Welt, von Rom aus gesehen. Anfang oder Ende, es liegt eben im Auge des Betrachters.

Sonnenkraft und Feuerbakterien

Von Santa Maria di Leuca aus gesehen liegt alles im Norden. Auch der Salento als Ganzes – der gesamte Absatz des italienischen Stiefels. Dessen Ebene ist berühmt für Wein und Olivenöl.

In Salice Salentino verstummen alle Gespräche, weil eine Fremde auf den Dorfplatz kommt. Vor der Bar sitzen die Männer auf Bänken. Sie stellen ihre Räder so an den Bordstein, dass ein Pedal als Stütze dient. Den Weg zur Cantina Cooperativa

Links: Gruppenbild mit Dame(n) in der Altstadt von Brindisi.

Unten: Brindisis berühmte Colonna Roma ist auch vom Hafen aus zu sehen.

Schöner kann man in den Gassen von Ostunis Altstadt nicht sitzen als auf den Lounge-Sesseln vor dem Riccardo Caffè.

Glaube, Liebe, Hoffnung, diese drei: Kommunionsfeierlichkeiten vor der Cattedrale di Brindisi.

Fischerboote im – an einer natürlichen Bucht gelegenen – Hafen von Otranto, der östlichsten Stadt Italiens.

Lust auf eine City-Tour? Pino erwartet Sie schon am Lungo Mare degli Eroi in Otranto.

Eine breite Befestigungsmauer fasst die leicht erhöht liegende Altstadt von Otranto ein.

Der im 12. Jahrhundert entstandene Mosaikfußboden von Otrantos Kathedrale zeigt einen Lebensbaum von der Schöpfung bis zum Jüngsten Gericht.

Special

Masserien

Vom Urlaub auf dem Lande

Die schönste Art, in Apulien und Kalabrien Urlaub zu machen, ist sicher ein Aufenthalt in einer Masseria. Dabei handelt es sich um ehemalige Herrschaftshäuser, die wie eine befestigte Anlage mit Trinkwasserbrunnen, Gemüsegarten, Vieh und sogar einer Kirche ausgestattet waren. Wenn vom Meer her Piratenangriffe drohten, konnten es die Bewohner hier einige Wochen lang aushalten, mit dem Nötigsten versorgt.

Inzwischen wurden aus vielen Masserien luxuriöse Hotels, meist noch mit dem Charme alter Zeiten. Da steht eine Bank unter einem schiefen Olivenbaum, ein Feigenstrauch lockt mit reifen Früchten. Einige bieten sogar Kochkurse an, etwa die auf halber Strecke zwischen Bari und Brindisi gelegene Masseria Torre Coccaro (www.masseriatorrecoccaro.com), eine zur 5-Sterne-Residenz umgebaute Festungsanlage aus dem 16. Jahrhundert. Die meisten haben einen Pool, einen Wellnessbereich, einen eigenen Strand. Abends wird der Fisch fangfrisch direkt vom Meer geliefert, das Olivenöl stammt aus eigener Produktion. Auch ohne einen drohenden Sarazenenangriff könnte man es hier wochenlang aushalten. Freiwillig.

Dolce vita in Puglia: Masseria Torre Coccaro in Savelletri di Fasano.

Wer gern auf dem Land wohnt: Zwölf Masserien können hier gebucht werden: www.masserien.de

erklären sie im Chor. Die Genossenschafts-Winzerei in Salice Salentino ist eine Tankstelle, jedenfalls wirkt sie so. An acht Hähnen zapft die lokale Kundschaft, die mit Drei-Liter-Kanistern Schlange steht. Der Rosé fließt für einen Euro zehn pro Liter durch den Schlauch, für den Negro Amaro Barricato muss man aktuell gerade einen Euro sechzig investieren.

Sonnenkollektoren statt Wein

Im Jahr 1960 gründeten 33 Weinbauern diese Genossenschaft, um ihre Weine bekannter zu machen. Am liebsten wird der Rosé getrunken, erzählt die Angestellte. Sie zapft ohne Unterlass; auch ihr Vater gehört zu den heute 600 Mitgliedern. Wann genehmigt man sich denn hier so das erste Glas? „Na, zum Mittagessen – hoffe ich jedenfalls“, sagt sie und erklärt, dass die Weinbauern schon vor Sonnenaufgang auf die Felder gingen. Gegen elf Uhr kehren sie zurück. „Danach ist es zu heiß, um sich draußen aufzuhalten.“

Allerdings hat sich in den letzten Jahren viel verändert. „Die Jungen wollen nicht mehr raus aufs Feld“, sagt die junge Frau, „die Arbeit ist hart“. Sie klingt bitter: „Die Weinstöcke werden herausgerissen.“ Den Boden vermietet man dann für das Aufstellen von Sonnenkollektoren. Denn das bringt den Bauern mehr ein als der Wein.

Die Lage ist ernst …
Auch die Zukunft des Olivenöls ist bedroht. Schuld ist *Xylella fastidiosa*, einer der gefährlichsten Pflanzenschädlinge weltweit, der bis vor wenigen Jahren nur außerhalb Europas vorkam. Wie der im Deutschen auch als „Feuerbakterium" bekannte Erreger, der die befallenen Pflanzen gnadenlos austrocknen und absterben lässt, auf unseren Kontinent kam, ist ungewiss; 2013 tauchte er erstmals in Apulien auf. An Verschwörungstheorien mangelt es wie immer in solchen Fällen nicht – eine davon behauptet, die Mafia habe Wissenschaftler bestochen, das Bakterium in die Umwelt zu entlassen, um abgestorbene Olivenhaine als billiges Bauland für Tourismusprojekte zu gewinnen.

Die Situation jedenfalls ist ernst: Im Salento waren im Jahr 2013 7500 Hektar betroffen, nun sollen es bereits 300 000 Hektar sein, und eine weitere Ausbreitung kann nur durch Akut-Maßnahmen

An Verschwörungstheorien mangelt es wie immer in solchen Fällen nicht …

wie die Rodung Tausender, vielleicht sogar bis zu einer Million Olivenbäume verhindert werden.

… aber nicht hoffnungslos
Allerdings scheint inzwischen zumindest ein Schreckensszenario vom Tisch zu sein: Als die ersten Infektionen gemeldet wurden, befürchtete man, das Bakterium könne sogar Weinstöcke angreifen. Doch inzwischen wurde der in Süditalien aufgetauchte Erreger als Subspezies „Pauca" identifiziert, die zwar Oliven und Oleander befällt, aber für Wein und Zitrusfrüchte nicht gefährlich zu sein scheint. Und auch bei den Olivenbäumen muss man noch nicht alle Hoffnung fahren lassen: Möglicherweise sind einige Sorten weniger anfällig als andere und man-

Badefreuden an der Adriaküste: bei Torre dell'Orso (oben) und in Marina Serra bei Tricase (unten), zu Füßen des Torre Palane, eines Wehrturms aus dem 16. Jahrhundert.

Auch bei Marina di Novaglie weiter südlich an der Küste weiß man (und frau) den Sommer zu nutzen: ob zu sportlichen Aktivitäten oder zum Strandgeflüster.

Im Salento – genauer: im Dreieck zwischen Nardò, Gallipoli und Otranto – spricht zumindest die ältere Generation noch *griko* oder *grecanico*, ein dem Altgriechischen ähnliches Idiom.

Rechts: Auf der Piazza Salandra in Nardò erhebt sich eine 30 Meter hohe Mariensäule (*Guglia dell'Immaculata)*.

Unten: Hat gut lachen – der Korbmacher Antonio in seinem nahe der Kathedrale in Gallipoli gelegenen Studio.

Vor mehr als 2500 Jahren wurde Gallipoli als *kalé polis*, als schöne Stadt, gegründet.

Links: Die aufwendige Barockfassade der Kathedrale in Gallipoli kündet vom Reichtum des 16. und 17. Jahrhunderts, als vom hiesigen Hafen aus Lampenöl (aus Oliven) nach ganz Europa verschifft wurde.

Ein Brückendamm verbindet Gallipolis auf einer Felsinsel im Meer gelegene Altstadt mit dem Festland (hier bei der Piazza Aldo Moro).

Was wäre nach einer Stadtbesichtigung schöner als ein gemütliches Mahl wie hier im Ristorante Scoglio delle Sirene direkt am Meer?

Gallipoli ist eine in sich geschlossene Einheit von Häusern und Gassen auf einer Insel nahe am Festland.

che sogar resistent. Aber wie lange es schließlich dauern würde, eine resistente Sorte marktfähig zu machen, ist derzeit noch die Frage.

Das griechische Erbe

Der angenehme Duft eines italienischen Mittagsmahls zieht durch die geöffneten Fenster auf die Gasse. Aber das ist kein Restaurant, sondern der Treffpunkt der Fischer des *Comitato Pescatori Gallipoli*. Am späten Vormittag saßen sie noch auf der Mole am Hafen von Gallipoli, sortierten Netze. Blaue Boote schaukelten gemächlich auf dem Wasser.

Nach der Arbeit gehen die Fischer vorbei am schicken Salento-Store, der teure Lampen aus dem hellen Gestein von Lecce verkauft. Sie verschwinden in einer kleinen Gasse und sind ganz unter sich. Während an den touristischen Hotspots allerlei Muschelschmuckschnickschnack und andere Sommererlebnisverlängerungsreliquien verkauft werden, genießt der Ort schon ein Eck weiter sein Provinzdasein.

Der Blick in die schattigen Wohnungen fällt auf Sofa, Fernseher, Küche. Frauen hängen Wäsche an den Häuserwänden auf. Um sie herum kurven dreirädrige Lastwägelchen, alte Fiats und großbonzige Karossen. Gallipoli (griechisch: „Schöne Stadt“) ist eine in sich geschlossene Einheit von Häusern und Gassen auf einer Insel nah am Festland.

Gebauter Kubismus

Hier im Süden haben sich griechische Sprachinseln gehalten, vermutlich Reste einer mittelalterlichen Migration. Die Griechen siedelten vor allem im salentinischen Städtedreieck Gallipoli, Nardó, Otranto. Schon die griechischen Namen zeugen davon – und die Architektur. Nicht das typische unverputzte italienische Haus mit Dachziegeln aus Terrakotta prägt hier die Szenerie, sondern kykladischer Stil: Flachdachhäuser, weiß gekalkt, gebauter Kubismus.

Sirenen vergnügen sich im Meer

Vom Geruch wie vom Tellerklappern verführt, suchen wir uns ein Restaurant am Meer. Es heißt *Scoglio delle Sirene*, Sirenen-Klippen. Auf die Teller kommt hauptsächlich Fisch. Über den Tellerrand blicken wir auf Gallipollis Außenmauern und eine Bucht, in der sich just drei Sirenen tummeln. Lange schwarze Locken, rote Bikinis, sie vergnügen sich im Meer. Nicht jeder im Lokal kann sich da noch aufs Essen konzentrieren.

BAROCKSTADT LECCE

Wo Engel Monster werden

Die Steinmetze von Lecce scheinen im 17. Jahrhundert Wetten abgeschlossen zu haben, wer wo die meisten barocken Ornamente unterbringen konnte. Aber der weiche Kalkstein zerfällt zusehends. Das heißt: Lecces Barock bröckelt. Unterwegs in der Stadt mit einem Restaurator.

Als Restaurator hat Giovanni Giangreco einen ganz besonderen Blick auf „seine" Stadt.

Am Seitenaltar der Chiesa del Gesù zeigt Giovanni Giangreco auf den Hauptaltar. An einer Säule ranken sich Blütenblätter empor, einige Putti tummeln sich, Weintrauben scheinen gleich reif herabzufallen, daneben und darüber Heiligenfiguren, Äste, Laub, Blüten sowie – wo immer noch Platz war – ein Putto.

Giangreco, bei der Stadtverwaltung für Kulturgüter zuständig, findet immer noch mehr Details.

„Kein Zentimeter blieb unangetastet. Die Bildhauer waren Meister – und wollten sich gegenseitig übertreffen. Jeder wollte zeigen, dass er besser ist als die anderen." Das sei vielleicht nicht wirklich christlich – aber sehr typisch für Lecce. Das Besondere daran: All diese Detailfreude hat sich in Stein ausgetobt, in der „Pietra Leccese", genauer gesagt: Der Kalk wurde aus Steinbrüchen in der Umgebung gewonnen, von denen sich einer sogar direkt unter einem Kloster in der Stadt befand, und dieser besondere Stein war butterweich. „Man konnte ihn fast mit dem Fingernagel einritzen" – ein Traumbaustoff für den Barock, für das Spiel mit dem Formenreichtum. An der frischen Luft härtet der Stein mit den Jahren aus – „die ultravioletten Strahlen machen den Stein rötlich-golden, als hätte er ein Sonnenbad genommen, das Jahrhunderte überdauert".

Pracht und Verfall

Meister wie Giuseppe Zimbalo und Giuseppe Cino arbeiteten in der Kirche Sant'Irene, am Dom, in der Basilica di Santa Croce, an der Chiesa del Rosario, am Palazzo dei Celestini; überall hier zeigt sich der Lecceser Barock in seiner ganzen Pracht. Jedoch: In den Straßen der Stadt ergibt sich ein tristes Bild: An zahlreichen Fassaden haben barocke Meister ihre Spielfreude ausgetobt, doch hier nagt der Zahn der Zeit ganz besonders. Abbrechende Kapitelle, bröckelnde Putten, hier ein zerfressener Faltenwurf, da eine löchrige Wange; Engel werden zu kariösen Monstern. „Das ist der Krebs des Steins", klagt Giangreco. „Mit dem Smog der Neuzeit kommen riesige Probleme, alles geht viel schneller kaputt als früher." Und natürlich fehlt es an Geld.

Detail an der Basilica di Santa Croce: „Ich sah nirgendwo einen gleichen Reichtum solchen Schmucks an Fassaden wie hier." (Ferdinand Gregorovius)

Oben: Die Piazza del Duomo versammelt ein herrliches Ensemble barocker Pracht. Unten: Gut (ein-)gerüstet – die Basilica di Santa Croce.

„Da hat man chemische Stoffe zur Reinigung und Reparatur verwendet", erklärt Gianfranco und deutet auf eine Mauer, an der die Fugen einen Zentimeter hervorstehen: „Die Steine bröckeln weiter, die Zwischenräume bleiben stehen."

Er schüttelt den Kopf. „Vor 30 Jahren wurde das noch so repariert, das müssen wir jetzt alles wieder runtermachen." Denn diese synthetischen Mittel, erläutert er, verbinden sich nicht mit dem Stein – sie heiraten einander nicht", wie er sich ausdrückt.

Alte Meister

Nur die Methoden der alten Meister dürften angewandt werden. Über Byzanz und Rom kamen sie nach Europa. „Karbonisiertes Wasser muss man auftragen, das härtet den Stein aus." Früher sei das regelmäßig gemacht worden, so kam es gar nicht erst zu Schäden. „Man darf das Wasser nicht auftragen, wenn der Schirokko bläst! Nur wenn das Wetter trocken ist, wenn die Tramuntana herrscht, so haben es die alten Meister gemacht."

Giovanni Giangreco gestikuliert eifrig, als wäre er selbst Steinmetz, und erzählt weiter von der Blütezeit des Barock. Die Könner hätten erst den gesamten Innenraum einer Kirche entworfen, dann monatelang skulptiert und alles ausgeführt. „Der Zimbaldo war fast ein Analphabet, aber ein Künstler in seinem Fach." Eine Kirchenausstattung sei für ihn wie ein Bühnenbild gewesen, um dem Ganzen eine „Seele einzuhauchen, es lebendig erscheinen zu lassen".

In der Kirche Sant'Irene sollte eine Kapelle zunächst schlicht gestaltet werden, „eher so jesuitisch", meint Giangreco. Aber dann starb der Auftraggeber, und „der Formwille ist geradezu explodiert, als hätte man noch extra zeigen wollen: So nicht, so karg nicht bei uns, in Lecce!"

Draußen auf der Straße zeigt er zum Schluss noch auf einen Balkon, verziert mit den Früchten der Erde – alles, was Apuliens Reichtum ausmachte, Getreide, Olivenöl, Wein. „Das hatte aber keine spezielle Bedeutung. Der Balkon wurde nur geschmückt, weil es schön war. Und vielleicht sogar schöner als das Haus des Nachbarn."

Auch die Fassade von Sant'Irene war geradezu morsch, „die fiel fast vorneüber, ich konnte nicht mehr schlafen – das sind Tonnen von Stein!" Zum Glück war sie doch noch zu retten. Aber die Entwicklung sei dramatisch und in den vergangenen Jahrzehnten auch bei der Restaurierung manches schief gegangen.

Auf einen Blick

Die berühmtesten Beispiele der Barockschätze in Lecce:
- die Fassade der Basilica di Santa Croce
- der üppig dekorierte Seiteneingang des Duomo
- in Santa Chiara die üppigen Altäre

Stadtführungen, auch zu Spezialthemen wie „Lecceser Barock", veranstaltet (auch engl.) Guided Tours Lecce, Via Umberto I 18, Tel. 08 32 09 05 23, 328 94 20 91, www.infotab.it

(Durch-)Blick von der Via Giuseppe Palmieri zur Piazza del Duomo mit der Kathedrale.

MARE ADRIATICO
Penisola
Salentina
Golfo di Taranto
Durrës
Vlorë
Igoumenitsa
1
2
3
4
5
Cozze
Grotta Palazzese
Polignano a Mare
Monopoli
Lamandia
Egnazia
Savelletri
Castellana Grotte
Putignano
Torre Canne
Fasano
Noci
Alberobello
Rosa Marina
Villanova
Locorotondo
Cisternino
Torre Santa Sabina
Lido Specchiolla
Torre Guaceto
Zona dei Trulli
Valle d'Itria
Martina Franca
Ostuni
Carovigno
P. Penne
Brindisi
Santa Maria di Casale
I. S. Andrea
Capo di Torre Cavallo
San Vito dei Normanni
Ceglie Messapica
San Michele Salentino
Massafra
Crispiano
Statte
Villa Castelli
Montemesola
Grottaglie
Brindisi
Mesagne
Torre Mattarelle
Latiano
Torre San Gennaro
Lindinuso
Francavilla Fontana
Oria
Taranto
Mar Piccolo
Mare Grande
Carosino
San Giorgio Ionico
Fragagnano
Torre Santa Susanna
Cellino San Marco
San Donaci
San Pietro Vernotico
Valesio
Casa l'Abate
Torre Rinalda
Torchiarolo
Santa Maria di Cerrate
Squinzano
Borgo Grappa
Erchie
Campi Salentina
Trepuzzi
Surbo
San Cataldo
Lido Bruno
Pulsano
Leporano
Lizzano
Sava
Manduria
San Pancrazio Salentino
Salice Salentino
Novoli
LECCE
Acaia
Marina di Pulsano
Torricella
Murge Tarantine
Avetrana
Maruggio
Veglie
Pista Fiat
Rudiae
Lizzanello
Roca Vecchia
Librari
Campomarino
San Pietro in Bevagna
Torre Colimena
Torre Lapillo
Leverano
Lequile
San Cesario di Lecce
Vernole
Dolmen Placa
Melendugno
Porto Cesareo
Copertino
Calimera
Lecce
Martano
Carpignano Salentino
Agnanao
Nardò
Galatina
Porto Selvaggio
Galatone
Palmariggi
Otranto
Santa Maria al Bagno
Maglie
Muro Leccese
Capo d'Otranto
Cutrofiano
Scorrano
Uggiano la Chiesa
Isola Sant'Andrea
Gallipoli
Collepasso
Alezio
Parabita
Poggiardo
Santa Cesarea Terme
Casarano
Nociglia
Castro
Murge Salentine
Taviano
Ruffano
Andrano
Marina di Mancaversa
Racale
Taurisano
Montesano Salentino
Torre Suda
Alliste
Tricase Porto
Ugento
Presicce
Tricase
Marina Serra
Ausentum
Marina San Giovanni
Alessano
Marina di Novaglie
Torre Mozza
Salve
Gagliano del Capo
Torre Pali
Torre Vado
Marina di Leuca
Punta Ristola
Capo Santa Maria di Leuca
Maßstab 1:650.000
0
10km

Stadt, Strand, Land

Verspielter Barock in der Provinzhauptstadt Lecce, herrliche Badebuchten mit feinsandigen Stränden, blendend weiße Küstenstädte und einsame Masserien im Landesinneren – der Salento, die Absatzspitze des italienischen Stiefels, lockt mit mediterraner Leichtigkeit.

1 Ostuni

Die drei Hügelkuppen hinaufsteigende „weiße Stadt" Ostuni (32 000 Ew.) verströmt einen fast orientalisch anmutenden Charme.

SEHENSWERT

Hinter der weiten **Piazza della Libertà** mit dem Rathaus, einem ehem. Franziskanerkonvent aus dem 14. Jh., beginnt das Gassenlabyrinth. Steil hinauf geht es von hier zur Ende des 15. Jh.s errichteten **Kathedrale Santa Maria Assunta** mit ihrer auffällig geschwungenen Fassade.

RESTAURANT/UNTERKUNFT

Im **€€ Riccardo Caffè** (Via Gaetano Tanzarella Vitale, 61, Tel. 08 31 30 60 46, www.riccardocaffe.com) sitzt man mitten in den alten Gassen recht mondän auf Lounge-Sesseln. Im Hinterland von Ostuni liegt inmitten von Feldern eine Masseria, deren historischer Charme mit zeitgenössischer Bequemlichkeit verbunden wurde: **€€€ Masseria Il Frantoio** (SS 16, km 874, Tel. 08 31 33 02 76, www.masseriailfrantoio.it).

UMGEBUNG

In nordöstl. Richtung von Ostuni zurück an die Küste erstreckt sich die **WWF-Oase Torre Guaceto** (SS 379 Bari-Lecce, Ausfahrt Serranova, www.riservaditorreguaceto.it). Hier drängt das Meer sich zwischen Felsen, sandige Buchten und Schilf, ein Rückzugsraum für Seevögel.

INFORMATION

IAT, Corso Mazzini 8, Tel. 08 31 30 12 68, www.ostuni.com

2 Brindisi

Brindisi (89 000 Ew.) war schon in der Antike ein wichtiger Handelshafen und Endpunkt der Via Appia. Im 20. Jh. entwickelte sich die Stadt zu einer wenig attraktiven Industriemetropole, in der es dennoch einiges zu entdecken gibt.

SEHENSWERT/MUSEUM

Das **Kastell** aus der Stauferzeit (Via dei Mille) wird von der Marine genutzt. Die **Colonna Romana** markiert das Ende der Via Appia. Auf der anderen Seite des Wasserarms ragt das **Monumento al Marinaio** auf, ein Marinedenkmal aus der Mussolini-Zeit. Die **Chiesa San Giovanni al Sepolcro** (Piazzetta al Sepolcro, Di.–So. 8.00 bis 21.00 Uhr) stammt aus dem 11. Jh., im Inneren gut erhaltene Fresken (13./14. Jh.). Einen Besuch lohnt das **Museo Archeologico** (Piazza Duomo, www.provincia.brindisi.it, Di.–Sa. 9.30–13.30, Di. auch 15.30–18.30 Uhr).

RESTAURANT/UNTERKUNFT

Im **€ Vecchia Brindisi** (Via S. Sepolcro 5, Tel. 08 31 52 84 00, Di.–So. nur abends, Mo geschl.) sitzt man gemütlich. Direkt an der Freitreppe neben der Colonna liegt das **€€ B&B Buena Vista** (Via Regina Margherita 7, www.bnbbuenavista.it, Tel. 38 88 79 59 45 91).

INFORMATION

IAT, Lungomare Regina Margherita 44 (am Hafen), Tel. 08 31 41 29 75

3 Lecce

Lecce (94 000 Ew.) bildet das urbane und geografische Herz des Salento und ist eine moderne Universitätsstadt mit regem Kulturleben.

SEHENSWERT/MUSEUM

Die **Via Palmieri** führt ins Centro Storico, auf die **Piazza del Duomo** mit dem Ensemble von **Duomo Santa Maria Assunta** (tgl. 6.30–12.00, 17.00–19.30 Uhr), dem **Bischofspalast** (1632) und dem **Priesterseminar** (1709), in dem nun das **Diozösanmuseum** eingerichtet ist. Im einstigen Kloster Santa Chiara hat das Museum für Stadtgeschichte seinen Sitz (**MUST**, Via degli Ammirati 11, www.mustlecce.it, Di.–So. 12.00

Links: Abendlicher Bummel durch die Altstadt von Ostuni. Unten: In der Masseria Il Frantoio. Ganz unten: So weit die Räder fahren – ohne PS durch die WWF-Oase Torre Guaceto.

bis 19.00 Uhr). Im **Kastell** in der Via Vito Fazzi, von Karl V. im 16. Jh. auf den Resten eines Vorgängerbaus errichtet, gibt es ein Museum für Pappmaschee-Kunst (**Museo della Cartapesta**, Mo.–Fr. 9.00–13.00, 16.00–20.00, Sa., So. ab 9.30 Uhr). Die **Basilica di Santa Croce** (Via Umberto I, tgl. 8.00–13.00, 17.00–19.00, Nov. bis März 16.00–18.00 Uhr) mit ihrer überbordenden Fassade ist das großartigste Beispiel für den Lecceser Barock. Für das Archäologiemuseum wurde Anfang des 21. Jh. das Innere eines historischen Palazzo neu gestaltet. Eine spiralförmige Rampe führt durch die archäologischen Zeitalter (**Museo Provinziale Sigismondo Castromediano**, Via Gallipoli 28, Mo. bis Sa. 9.00–13.30, 14.30–19.30, So. 9.00–13.30 Uhr, Eintritt frei). Im **Museo Faggiano** (Via Ascanio Grandi 56, Tel. 08 32 30 05 28, www.museo faggiano.it, tgl. 9.30–20.00 Uhr) sind Ausgrabungen verschiedener Epochen zu sehen.

Mondän gibt man sich im Kurbad Santa Cesarea Terme, freundlich ist der Service in Lecces Cin Cin Bar Caffè an der Piazza Sant'Oronzo 4 . Gegen eine kleine Erfrischung hätte wohl auch la principessa *(in Lecce, rechts) nichts einzuwenden.*

Zwischen Lecce und Otranto findet man einen der schönsten Strände am Mittelmeer.

RESTAURANT/UNTERKUNFT

In der **€ La Bottega della Carne** (Via Cavour 7, Tel. 32 84 27 65 38) fühlen sich Fleischliebhaber wohl, Fisch- u. Meeresfrüchte gibt es aber auch. Im **€€€ Palazzo Rollo** (Via Vittorio Emanuele II. 14, Tel. 08 32 30 71 52, www.palazzo rollo.it) wohnt man mit grünem Innenhof, Dachterrasse und großzügigen Zimmern.

UMGEBUNG

Auf halber Strecke zwischen Lecce und Otranto findet man bei Port Melendugno einen der schönsten Strände am Mittelmeer (siehe „Unsere Favoriten", S. 22/23).

INFORMATION

IAT, Corso V. Emanuele 24, Tel. 08 32 68 29 85, www.comune.lecce.it. Infokiosk auf der Piazza Sant'Oronzo, Infoschalter im Castello Carlo V. Die IAT bietet im Sommer Stadtführungen an (tgl. 10.00 u. 16.30 Uhr, 10 €).

4 Otranto

Vor über 500 Jahren eroberten die Türken Otranto (5600 Ew.) als erste Stadt auf italienischem Boden. Heute ist der Ort auch wegen der ihn umgebenden schönen Strände beliebt.

SEHENSWERT

In der Altstadt mit den weißgetünchten Häusern thront die im Jahr 1088 geweihte **Kathedrale Santa Maria Annunziata** (Piazza Basilica, Juni–Sept. tgl.7.00–12.00, 15.00–19.00, Okt.–Mai bis 17.00 Uhr). Berühmt ist das Bodenmosaik aus dem 12. Jh. mit einem figurenreichen Lebensbaum. In der Cappella dei Martini ruhen die Beine von 800 Opfern des Türkenüberfalls von 1480. Das **Kastell** (Castello Aragonese, Via Castello, Ostern–Okt. tgl. 10.00 bis 22.00, Nov.–Ostern Mo.–Sa. 10.00–13.00, 15.00 bis 17.00, Sa., So. bis 19.00 Uhr) ließ Ferdinand I. von Aragon auf staufischen Resten errichten.

Tipp

Ice, ice baby!

Natale bedeutet in diesem Fall nicht Weihnachten – es handelt sich um den Namen der Gründerfamilie. Seit 1978 stellen die Natales Konfekt, Schokolade, Torten und *gelati* her. Falls jemand doch zur Winterszeit nach Lecce kommt – Natale bäckt natürlich auch den Weihnachtskuchen Panettone.

INFORMATION

Gelateria Natale, Via Trinchese 7, www.natalepasticceria.it

RESTAURANT/UNTERKUNFT

Im **€/€€ La Pignata** (Corso Garibaldi, Tel. 08 36 80 12 84, Mo. geschl., Nov. geschl., Jan. u. Feb. nur mittags) in der Altstadt gibt es als Spezialität hausgemachte Pasta mit scharfem Schafskäse. Modern und gemütlich logiert man im **€€/€€€ Albania** (Corsa S. Francesco di Paola, Tel. 08 36 80 18 77, www.hotelalbania.com). Das **€€€ Hotel Palazzo Papaleo** (Via Rondachi 1, Tel. 08 36 80 21 08, www.hotelpalazzopapaleo. com) direkt bei der Basilika war einst der Sommersitz einer Adelsfamilie und bietet heute im historischen Rahmen zeitgemäßen Komfort.

UMGEBUNG

Die Küste Otranto hinab zur südlichsten Spitze des Stiefelabsatzes passiert man zunächst mit **Santa Cesarea Terme** ein in den 1920er-Jahren entstandenes Kurbad (Terme di Santa Cesarea, Via Roma 40, Tel. 08 36 94 43 14, www.termesanta cesarea.it), ehe man über **Tricase Porto** und **Marina Serra** nach **Gagliano del Capo** mit dem vorgelagerten Badeort **Marina di Novaglie** kommt. In **Marina di Leuca** gibt es einige Jugendstilvillen. Am Ionischen Meer zwischen Leuca und Gallipoli stoßen Sandstrände und karibisch-blaues Wasser aneinander.

INFORMATION

Info Point, Piazza Castello, IAT-Büro am Hafen, Via del Porto, Tel. 08 36 80 14 36

5 Gallipoli

Schon die Griechen zog es auf die Kalksteininsel im Meer. Angesichts des Platzmangels legte man Ende des 18. Jh.s Straßen und Plätze auf dem Festland an, mit dem Gallipoli (21 000 Ew.) durch einen Damm verbunden ist.

SEHENSWERT/ERLEBEN

Das **Castello Angioino** wurde von den Anjou im 13. und Ende des 15. Jh. gestaltet (Mai, Okt. tgl. 10.00–13.00, 15.00–19.00, Juni bis 21.00, Juli/Aug. 10.00–24.00, Nov.–Feb. Di.–So. 10.00 bis 13.00 u. 15.00–17.00 Uhr). Unterhalb des Kastells, am **Porto Vecchio** und auf der **Piazza della Dogana**, verkaufen Fischer ihren frisch angelandeten Fang. Je nach Saison sind auch Austern im Angebot, die man mit einem Glas einfachen Weißwein auch gleich vor Ort verzehren kann. Die ab 1629 errichtete **Cattedrale di Sant'Agata** erhebt sich an der höchsten Stelle der Altstadt. Mit über 100 Gemälden neapolitanischer Meister des 17. u. 18. Jh.s ähnelt der Kirchenraum einer Galerie. Einblicke in den Alltag vergangener Jahrhunderte gibt das **Museo Civico Emanuele Barba** (Via Antonietta De Pace 108, Di.–Fr. 9.30–12.30, Sa./So. auch 15.30–18.30 Uhr).

RESTAURANTS/UNTERKUNFT

€/€€ Il Giardino Segreto (Via Antonietta di Pace 116, Tel. 08 33 26 44 30, www.ilgiardinosegretogallipoli.com) hat sich der „Kilometro Zero"-Küche verschrieben, verwendet also Regionalprodukte. Im **€€ Scoglio delle Sirene** (Riviera Nazario Sauro 83, Tel. 08 33 26 10 91, www.scogliodellesirene.com) sitzt man direkt an der Festungsmauer und schaut aufs Meer. Stilvoll logiert man im **€€/€€€ Palazzo Senape de Pace** (Via Monacelle 27, Tel. 34 77 82 14 39, www.palazzosenapedepace.it).

UMGEBUNG

Den Stiefelabsatz wieder hinauf lohnt knapp 18 km weiter nordöstl. **Nardò** (31 500 Ew., neben Lecce die zweite Barockstadt Apuliens) einen Besuch, ehe dann wieder Badefreuden angesagt sind: idyllisch in **Porto Selvaggio**, familienfreundlich in **Porto Cesareo**. Weinliebhaber zieht es weiter nordöstlich ins Landesinnere nach Salice Santino (siehe Tipp, unten).

INFORMATION

IAT, Via Antonietta De Pace 86, Tel. 08 33 26 25 29, Pro Loco Gallipoli, Via Kennedy (Neustadt), Tel. 08 33 26 30 07, www.prolocogallipoli.it. Geführte Stadttouren: Tel. 08 33 51 33 51, www.salentoguideturistiche.it

Tipp

Wein-Tankstelle

Die Genossenschafts-Winzerei in **Salice Salentino** gleicht einer Tankstelle – für Wein. Die lokale Kundschaft steht hier mit drei-Liter-Kanistern Schlange, und die lassen sich für wenige Euros befüllen.

INFORMATION

Cantina Cooperativa Salice Salentino, Via P. Nenni 12, (ausgeschildert im Ort), Salice Salentino, Tel. 08 32 73 11 38, 8.00 bis 13.00 und 16.00–19.00, (Sommer 17.00–20.00, So. 9.30–12.30 Uhr, www.cantinasalicesalentino.it

Genießen Erleben Erfahren

DuMont Aktiv

Stehpaddler in Sicht

Vom heimischen Baggersee über Flüsse bis zum Meer, überall sieht man mittlerweile Stehpaddler. Logisch, dass der Sport auch an der ruhigen Adria-Seite Italiens boomt.

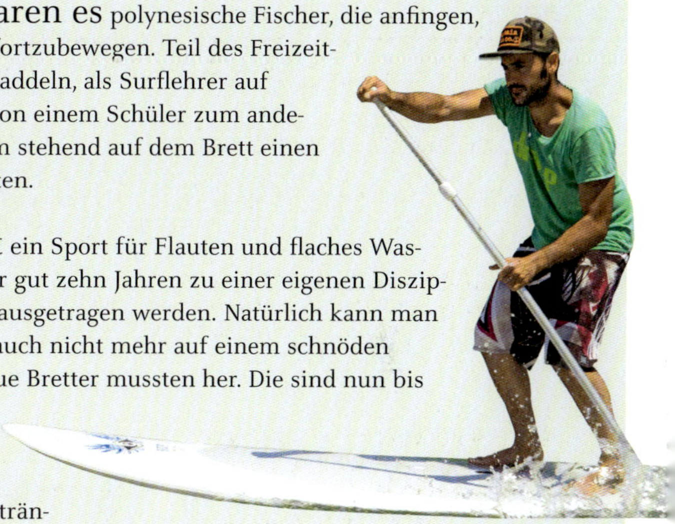

Ursprünglich waren es polynesische Fischer, die anfingen, sich in Kanus stehend fortzubewegen. Teil des Freizeitsports wurde das Stehpaddeln, als Surflehrer auf Hawaii damit leichter von einem Schüler zum anderen kamen – und zudem stehend auf dem Brett einen besseren Überblick hatten.

War es zunächst ein Sport für Flauten und flaches Wasser, mauserte es sich vor gut zehn Jahren zu einer eigenen Disziplin, in der Wettkämpfe ausgetragen werden. Natürlich kann man das Stehpaddeln dann auch nicht mehr auf einem schnöden Surfbrett ausüben – neue Bretter mussten her. Die sind nun bis zu vier Meter lang.
Wer kein eigenes dabei hat, kann sich rund um Brindisi an vielen Stränden eines mieten. Und sich stehend einen Überblick über die Strandlage verschaffen.

Weitere Informationen

Stand Up Paddling (SKP) Scuola Kitesurf Puglia Associazione Sportiva Località „PUGLIA", Tel. 32 09 06 36 69, www.scuoladikitesurfinpuglia.it

Brindisi Surf Club, Via Farinata degli Uberti 14, Brindisi, Tel. 34 75 09 72 66, Luigi Spagnolo, http://brindisisurfclub.blogspot.co.at/

Eine gibt die Richtung vor: Stand Up Paddling bei Melendugno, nahe dem (von einer alten Festungsanlage verbliebenen) Torre di Roca Vecchia (unten), und bei Brindisi (oben rechts).

Von der Küste in die Berge

Im Norden Kalabriens fällt die Wahl schwer. Was reizt mehr: am Meer entspannen und durch spektakuläre Dorfgassen flanieren oder hinauffahren in die Berge, in einen der Nationalparks? Zum Glück muss man sich gar nicht entscheiden, sondern kann beides miteinander verbinden: am Meer Pasta mit Fisch genießen und dann nach einer Wanderung in den Bergen die berühmten kalabresischen Kartoffeln verspeisen.

Die Riviera dei Cedri am Tyrrhenischen Meer führt von Praia a Mare an der Grenze der Basilikata in südlicher Richtung vorbei an weiteren schönen Badeorten und Stränden.

Das Reisen in der Vorsaison kann man gar nicht genug rühmen, vor allem in Küstenorten. An der Riviera dei Cedri, der Westküste Kalabriens etwa. Im April ist noch das meiste verrammelt, die Strandbäder sind zu. Aber es summt und brummt, die Menschen freuen sich auf die Saison, erste Urlauber werden überschwänglich begrüßt. Und während sich in Deutschland erste Blümchen aus der harten Erde drücken, hängen hier schon die Glyzinien üppig blau blühend über den Mauern. Bougainvilleas leuchten ihr purpurnstes Purpur, Jasmin blüht zartweiß und duftet so stark, dass Ohnmacht droht. Restaurantbesitzer entstauben die Terrassenmöbel, am Meer wird gehämmert und gesägt für die Strandbar des kommenden Sommers. Das Motto, wie jedes Jahr: Alles ist möglich.

La Strada – das Lied der Straße

Die Vorsaison hat wirklich ihren Reiz; allerdings sollte man sich bei einer Rundreise vorzeitig um Hotels kümmern, es ist tatsächlich noch nicht viel geöffnet. Dafür haben die Hoteliers Zeit zum Plaudern. Es sei auch im Sommer sehr schön hier, versichert einer im Küstenort Diamante. Dann wusele in den Altstadtgassen das Leben, auch in den Bars und Restaurants und natürlich am Strand.

Ein weiterer Vorteil der Vorsaison: Der Verkehr ist noch nicht so aufgeregt. Im Gegensatz zum oft flachen Apulien wirft sich Kalabrien förmlich mit Bergen und Hügeln ins Meer, meist gibt es zur Hauptstrecke keine Ausweichroute. Da kann es oft eng werden. Italienische Autofahrer betrachten Überholverbotsschilder als Einmischung in ihre persönlichen Angelegenheiten. Durchgezogene Linien ebenso. Das können sie ja wohl selber beurteilen, ob man hier überholen kann. Stimmt leider nicht immer.

Hoffnungsschimmer Tourismus

Italien gehört zu den am stärksten motorisierten Ländern Europas. Das hat aber nur zum Teil mit der ewigwährenden

Oben: Promenade am Corso Vittorio Emanuele und Stefano Carrozzino, Eigentümer der Caseificio La Montea in Diamante. Unten: Wandmalereien in Scalea.

Oben: Farben und Formen der Natur an der Spiaggia Arco Magno bei San Nicola Arcella.

Links: Blick von San Nicola Arcella an der Riviera dei Cedri hinüber zur Isola di Dino, die für ihre geheimnisvollen Meeresgrotten bekannt ist.

Wie eine verschachtelte Pyramide zieht sich Morano Calabro, einer der schönsten Orte im Parco Nazionale del Pollino, den Hang hinauf.

Erstaunlich grün zeigen sich die Berge des Südens, fährt man die schier endlosen Serpentinen bergauf.

Liebe des Italieners zur *macchina*, zum Auto, zu tun. Zum Teil ist es schlicht unumgänglich. Denn der öffentliche Personennahverkehr ist im Süden derart unterentwickelt, dass man ohne eigenes Auto einfach nicht vom Fleck kommt. Erstaunlich bleibt, wie viele sich ein Auto leisten können. Denn im Süden beträgt die Armutsrate fast zwanzig Prozent, im Veneto sind es keine vier Prozent. Und während in Friaul-Venetien allen kleinen Kindern ein Hortplatz zur Verfügung steht, sind es in Kalabrien gerade mal neun Prozent. Kein Wunder, dass auch die Heiratslust nachlässt. In ganz Italien kommen auf tausend Einwohner nur 3,2 Eheschließungen – eine der niedrigsten Quoten in Europa. Einziger Hoffnungsschimmer: der Tourismus. Auf 1000 Einwohner kommen in Kalabrien 99 Hotelbetten, und die Besucher bleiben durchschnittlich fünf Tage.

K(l)einstadtflair

Wer in Cosenza die Altstadt ansteuert, kann einen Schreck bekommen. Dramatisch schön zieht sie sich den Hügel hinauf, findet im obligatorischen Kastell ihren auch landschaftlichen Höhepunkt. Aber, ach: Der Ort rottet vor sich hin. Müll liegt in Stapeln herum, alte Matratzen über verdorbenem Gammel, es raschelt verdächtig. So mancher Palazzo sieht aus, als würde er schon vor dem nächsten Erdbeben seine vergängliche Hülle niedersenken. Ein paar Häuser hat man renoviert, auch so manche Bar oder Boutique ist in die alten Bauten eingezogen, doch alles wirkt düster. Man sieht die einstige Größe, hier und da einen prächtigen Torbogen, einen schmiedeeisernen Balkon – das macht den Verfall nur um so schmerzlicher. Aber das ist nur die eine Seite von Cosenza. Denn das Leben hat sich von der Altstadt in die Neustadt verlagert, die um die vorige Jahrhundertwende entstand. Hier gibt es breite Boulevards statt enger Gassen. In der Fußgängerzone Corso Mazzini pulsiert das Leben zwischen Boutiquen und einem Freilichtmuseum aus berühmten Skulpturen. Das ist die Bühne, die die Süditaliener jeden Abend betreten. Jugendliche balzen miteinander, Erwachsene tauschen Neuigkeiten aus, man trifft sich zum Schlendern und Shoppen, um einen Aperitif zu trinken. Ein Springbrunnen läuft in mehreren Kaskaden, von Lichtorgeln choreografiert, zur Höchstform auf, und als wäre das nicht schon Spektakel genug, schallt auch noch Musik aus Lautsprechern dazu. Wenn mit den letzten Klängen von *Nessun dorma*, der weltberühmten Arie aus Puccinis Oper Turandot, die Fontänen hoch aufspritzen, erreicht das Ganze seinen Zenith:

Unterwegs in einer bezaubernden Natur: Munter plätschern die Kaskaden im Parco Nazionale del Pollino, bis zu 450 Meter hoch und 350 Jahre alt sind die Schwarzkiefern (I Giganti della Sila) im Parco Nazionale della Sila.

In die Felsen über dem Laotal gebaut: die Wallfahrtskirche Santuario della Madonna di Costantinopoli. Sie gehört zur Mönchssiedlung Papasidero, die im Mittelalter vom Abt (griech. *papas*) Isideros gegründet wurde.

Schlauchbootfreuden auf dem Lao im Parco Nazionale del Pollino.

Fiat-Parade vor dem im Jahr 1909 errichteten Teatro Rendano auf der Piazza XV Marzo in Cosenza. Im Hintergrund rechts erhebt sich auf dem Colle Pancrazio das Castello Svevo, an dem Sarazenen, Normannen, Staufer, die Anjou und Aragonesen gebaut haben.

Vincenzo Barbieri, Egentümer des nach ihm benannten Hotels in Altomonte, mit einer kleinen Auswahl dessen, was heute in der Küche des Hotelrestaurants verarbeitet werden wird.

Kunst im öffentlichen Raum: Das Museo Storico All'Aperto verwandelt den Corso Mazzini in Cosenza in ein Freilichtmuseum – hier eine den Bronzekriegern von Riace gewidmete Arbeit von Sacha Sosno.

Stil(l)leben vor dem – 1222 in Anwesenheit Friedrichs II. geweihten – Duomo Santa Maria Assunta in Cosenza.

Blick auf die vom Busento durchflossene Altstadt Cosenzas mit der Chiesa di San Domenico (links) und dem Convento S. Francesco (rechts).

Special

Die Arbereschi

Albanische Kultur

Da hat man also fleißig Italienisch gelernt, spaziert fröhlich durch Dörfer wie Plataci oder Civita und versteht – nichts. Kann ein kalabresischer Dialekt so unverständlich sein? Nein. Aber in einigen Dörfern Kalabriens wird albanisch gesprochen, genauer gesagt: Arbëresh. Hier lebt eine alteingesessene albanische Minderheit, die die Italiener Arbereschi nennen; sie selbst nennen sich Arbëreshë. Ihre Vorfahren kamen bereits im 15. Jahrhundert ins Land – als orthodoxe Christen auf der Flucht vor muslimischen Osmanen. In ihrer Schulzeit seien sie noch oft angefeindet worden, erzählt die 32-jährige Maria, es kursierten Sprüche wie: „Wenn du einen Wolf und einen Albaner siehst, lass den Wolf laufen und erschieß den Albaner." Auf dem Schulhof gab es deshalb auch häufig Prügeleien – doch das habe sich jetzt geändert.

Maria studierte Journalismus in Rom, ihre Abschlussarbeit drehte sich um Immigration. Sie hätte nie gedacht, dass sie das je in Plataci, der kalabrischen Gemeinde, in der sie heute lebt, gebrauchen könnte. Aber nun hat Plataci 37 Flüchtlinge aufgenommen, und für sie gälte der Satz: *Ricordati che anche tu sei venuto dal mare* – erinnere dich daran, auch du bist übers Meer gekommen."

Albanische Folkloregruppe in San Sosti.

„Erkennt man euch als Albaner?", frage ich sie. „Ja", antwortet Maria, „meistens sofort. Wir sehen nicht so ausgeprägt südländisch aus, eher slawisch." Und man hört es an der Sprache. Auf Arbëresh heißt Ciao: *Schikmi*. Statt Arrivederci sagt man: *Mire u pafshim*. Kein Wunder, dass man hier nichts versteht, wenn man als Fremde durch die Gassen von Plataci geht.

Kinder toben, Eltern schimpfen, Jugendliche schubsen sich gegenseitig, und alle halten diese Szenerie mit ihren Smartphones fest, wohl für die Ewigkeit.

Geschichte und Geschichten

Vielleicht wirkt der mittelalterliche Kern der Stadt auch deshalb so düster, weil man weiß, dass in Cosenza drei berühmte Menschen jung starben. Alarich, der Gotenfürst, war etwa 40 Jahre alt, als er im Jahr 410 hier sein Leben ließ. Nachdem sein Heer Rom überfallen und geplündert hatte, zog er nach Süden, erkrankte an Malaria und starb. Die Westgoten sollen ihren König nebst Schätzen aus dem alten Rom im Flussbett des Busento beigesetzt haben. Doch gefunden hat man den Grabschatz nie.

Mehr als achthundert Jahre später, 1242, stürzte bei Cosenza ein 30 Jahre alter Mann mit seinem Pferd in einen Abgrund, und man darf davon ausgehen, dass es Selbstmord war: Heinrich VII., Sohn Friedrichs II., hatte sich mit seinem Vater überworfen, unrettbar. Dennoch ließ ihn der (über den Tod tief bestürzte) Vater mit königlichen Ehren in einem römischen Sarkophag im Dom von Cosenza bestatten. Untersuchungen im Jahr 2000 ergaben, dass Friedrichs Erstgeborener unheilbar an Lepra erkrankt war.

Nur wenige Jahrzehnte später, 1271, ließ Isabella von Aragón 28-jährig hier ihr Leben. Die Königin von Frankreich hatte ihren Ehemann auf dem Kreuzzug begleitet. Bei der Rückreise stürzte sie schwanger vom Pferd und starb. Dem Ritus der Teilbestattung folgend, wurden ihre Gebeine nach Frankreich gebracht, der Rest des Leichnams in Cosenza bestattet. Das Grabmal im Dom illustriert die Königin mit geschlossenen Augen und schmerzverzerrtem Gesicht.

In der Natur

Erstaunlich grün zeigen sich die Berge des Südens, fährt man die schier endlosen Serpentinen bergauf. Die Natur wird in Kalabrien in gleich drei Nationalparks geschützt. Wie wichtig es gerade in Italien ist, Naturparks einzurichten, zeigt wiederum die Statistik: Italien ist mit 201 Einwohnern pro Quadratkilometer ein dicht besiedeltes Land. Um die Bauwut einzudämmen, tut Naturschutz not. Eine Fahrt in den Nationalpark Sila wirkt wie ein Ausflug ins Trentino. Camigiatello erscheint gar nicht süditalienisch, eher alpin-rustikal, das lieben die Italiener ja auch. Es sieht hier eher wie in den Alpen aus, und schließlich: Man ist ja ein Skiort. Bis Mitte April sind sogar Winterreifen oder Schneeketten im Kofferraum Pflicht. Allzulang kann die Saison aber nicht sein, es ist doch einfach zu warm, zu südlich. Besonders geschützt sind die *Giganti della Sila*, die Riesen des Sila-Gebirges. Dabei handelt es sich um Schwarzkiefern *(pinus laricio)*, zwischen 350 und 400 Jahre alt und bis zu 40 Meter hoch.

Zum rustikalen Ambiente der Region gehört eine passende Küche. Hier kommen keine Spaghetti Vongole auf den Tisch, sondern *Mpanata*: eine Suppe aus Ricotta, warmer Molke und altem Brot. Überhaupt werden statt Nudeln gerne Kartoffeln gegessen. Bauern verkaufen sie am Straßenrand. Eine einheimische Sorte wird seit einiger Zeit wieder angebaut: Die Sila-Kartoffel, ein I.G.P-Produkt, Indicazione Geografica Protetta, mit geschützter Herkunftsbezeichnung also. Das Besondere daran: Die Kartoffeln könnte man glatt für Auberginen halten, so tiefdunkel purpurfarben sind sie.

Oben: Nicht der Hirte, sondern der Chef höchstpersönlich, Giuseppe De Tursi, Eigentümer der gleichnamigen Masseria bei Strongoli, südlich von Crotone, blickt hier sichtlich zufrieden auf seine Schafherde.

Unten: Ob man dem Pecorino Crotonese wohl anmerkt, dass er aus der Milch glücklicher Schafe von den eigenen Weiden gemacht wurde?

Zu den Mittagsblumengewächsen gehören diese floralen Prachtexemplare, deren botanischer Name, *Carpobrotus acinaciformis*, auf ihre Essbarkeit (griech. *karpos* = Frucht, *brota* = essbar) verweist. Hier veredeln sie aber vor allem den Blick auf die Isola di Capo Rizzuto mit dem Castello Aragonese, einer im 16. Jahrhundert zum Schutz vor Piratenüberfällen auf einem Sandsteinfelsen vor der Küste errichteten Burganlage.

Die interessantesten Feste

Schall und Rauch

Feste und Feiertage bieten die Gelegenheit, tief in die Geschichte und die Atmosphäre Italiens einzutauchen. Die Karfreitagsprozessionen vermitteln ein archaisches Bild vom Süden, ekstatisch geht es auf manchem Tanzfest zu, und den Karneval feiert man nicht nur in Venedig.

1 Settimana Santa in Kalabrien

In Nocera Tirenese, nordwestlich von Lamezia gelegen, wird die heilige Woche *(Settimana Santa)* traditionell auf recht drastische Weise begangen: Bei der bereits seit dem Mittelalter hier stattfindenden Prozession fließt Blut. Geißelnde Männer folgen der Statue der Maria Addolorata – sie schlagen sich die Beine mit dem *Cardo* blutig, einer Korkscheibe mit Glassplittern.

Kalabrien, Nocera Tirenese, www.noceraterinese.com

2 Settimana Santa in Apulien

Auch in Apulien trifft man in der Karwoche auf düstere Riten, fühlt sich ins Mittelalter versetzt, als der Katholizismus noch mehr Angst und Schrecken als Milde und Wohltat verbreitete. In Taranto tragen die Einheimischen bei drei großen, sich über Stunden hinwegziehenden Prozessionen spitze Kapuzen mit Sehschlitzen: Ku Klux Klan made in Italy.

Apulien, Taranto, www.tarantomagna.it

3 Il Carnevale di Putignano

Heiterer zu geht es beim Karneval in Putignano. Es soll sich um die bereits im Jahr 1394 begründete älteste Karnevalstradition Italiens handeln. Vier Umzüge mit Festwagen, skurril maskierte Narren und jede Menge Essensstände zeichnen die Festivitäten aus. Die übergroßen Figuren sind zumeist aus Pappmaché, eine uralte Kunsthandwerkstradition in Apulien.

Apulien, Putignano, www.carnevaledi putignano.it

4 Festa di San Nicola

Großes Fest für einen (geraubten) Stadtheiligen: In Bari huldigt man dem heiligen Nikolaus u.a. mit einer Bootsprozession. Tausende Pilger aus aller Welt kommen in die Stadt, um zuzusehen, wie eine Statue des Heiligen in einer farbenprächtigen Flottille die Küste passiert. Die Rückkehr am Abend steht symbolisch für die Ankunft der Reliquien des Heiligen im Jahr 1087. Zum Abschluss der Feierlichkeiten gibt es ein großes Feuerwerk.

Apulien, Bari, 7.–9. Mai, www.basilicasannicola.it

5 Corteo Storico di Federico II und Torneo dei Rioni

Im apulischen Städtchen Oria steht das zweite Augustwochenende ganz im Zeichen eines mittelalterlichen Historienspektakels. Mehr als 400 Schauspieler nehmen daran teil und erinnern in ihren Kostümen an die Zeit Friedrichs II.: Unter dem Stauferkaiser erlebte der einstige Königssitz der Messapier im 13. Jh. seine zweite Blüte. Der erste Tag ist einem historischen Umzug gewidmet, am zweiten findet ein Palio statt.

Apulien, Oria, 2. Augustwochenende, www.torneo deirionioria.it

6 La Notte della Taranta

Die Tarantella ist ein wilder Tanz – ähnlich wild geht es bei diesem Fest zu, wenn zahlreiche Bands und Musikgruppen die alte Musik neu beleben. Auf den Plätzen der neun Gemeinden der Grecia Salentina gibt es Rhythmus- bzw. Trancemusik; zum Finale treffen sich am letzten Samstag im August Abertausende in Melpignano. Mittlerweile hat es sich zu einem Weltmusik-Festival gemausert, italienische und internationale Ethnomusiker spielen Rhythmus- bzw. Trancemusik. Mittanzen erwünscht.

Apulien, Grecia Salentina, letztes Augustwochenende, www.nottedellataranta.net

7 Sagra del Pesce Spada

Schwertfisch ist eine begehrte Trophäe für Hochseeangler, denn er wehrt sich beharrlich, gefangen zu werden. Wichtig für die Jagd ist der Späher, der hoch über der Wasseroberfläche von seinem Ausguck aus Ausschau nach dem Schwertfisch hält. In Bagnara ankern im Hafen Dutzende Fischkutter mit den 20 m hohen Türmen, und Ende Juli wird hier die Sagra del Pesce Spada gefeiert. Dabei verzehrt man die Köstlichkeit mit Kapern und roten Zwiebeln auf offener Straße.

Kalabrien, Bagnara Calabria, Ende Juli, www.comunebagnara.it/pescespada.asp

8 Historie und Folklore in La Vallja

Am Dienstag nach Ostern strömen Albaner aus ganz Süditalien nach Civita und in die Nachbardörfer. Denn in Erinnerung an einen Sieg über die Türken wird hier seit 1467 ein jährliches Freudenfest gefeiert. Fürst Skanderberg (eigentlich: Gjergj Kastrioti) verteidigte damals Albanien – in Albanien – gegen die Osmanen und ist nun ein Nationalheld. Die albanische Minderheit in Kalabrien feiert das Ereignis in historischen Kostümen. Dazu singen sie ihre alten albanischen Lieder.

Kalabrien, Civita und Nachbardörfer, Di. nach Ostern, www.prolococivita.it/video-civita.html#enzo-filardi

9 Patronatsfest in Galatina

Ende Juni feiert man in Galatina das Patronatsfest Festa Patronale di SS Apostoli Pietro e Paolo. Der Legende nach haben die beiden Heiligen auf ihren Missionsreisen in Galatina Halt gemacht. Der heilige Petrus soll auf dem Weg von Otranto nach Taranto hier vorbei gekommen sein. Der Apostel Paulus wurde von einem religiösen Mann in Galatina beherbergt. Mit der Prozession zu Ehren der Ortsheiligen beginnt auch ein Tarantella-Fest.

Apulien, Galatina im Salento, Ende Juni, www.comune.galatina.le.it/turismo/feste-patronali

10 Festa del Soccorso

Beim Patronatsfest in San Severo werden während zweier Prozessionen die schwarze Madonna und andere Heilige durch den Ort getragen. In jedem Viertel begrüßt man den Umzug mit einem Feuerwerk; alle wollen einander übertreffen. Es herrscht großes Gedränge, Rauch zieht durch die Gassen, ein Spektakel erster Güte. Das Fest beginnt am Samstag und zieht sich bis in den Montag hinein.

Apulien, San Severo, 3. Mai-Wochenende, www.paliodellebatterie festadelsoccorso.com

Golfo di Taranto
Golfo di Santa Eufemia
Golfo di Squillace
MARE IONIO
Maßstab 1:700.000
0
10km
1
2
3
4
5
6
7
Lauria
Lagonegro
Maratea
Praia a Mare
Scalea
Diamante
Belvedere Marittimo
Cetraro
Guardia Piemontese
Paola
San Lucido
Fiumefreddo Bruzio
Amantea
Campora San Giovanni
Nocera Terinese
Falerna Marina
Lamezia Terme
Capo Suvero
Santa Eufemia Lamezia
Pizzo
Vibo Valentia
Vibo Valentia Marina
Tropea
Capo Vaticano
Ricadi
Castrovillari
Cassano allo Jonio
Sibari
Sybaris-Copia
Trebisacce
Villapiana
Villapiana Lido
Amendolara
Capo Spulico
Montegiordano Marina
Rocca Imperiale Marina
Nova Siri Stazione
Lido di Policoro
Policoro
Scanzano Jonico
Lido di Scanzano
Eraclea
Corigliano Calabro
Rossano
Capo Trionto
Mirto Crosia
Cariati
Punta Fiume Nicà
Crucoli Torretta
Punta Alice
Cirò Marina
Cirò
Torre Melissa
Strongoli
Crotone
Capo Colonna
Tempio di Hera Lacinia
Isola di Capo Rizzuto
Capo Rizzuto
Le Castella
Botricello
Cutro
Petilia Policastro
San Giovanni in Fiore
Camigliatello Silano
Acri
Bisignano
Luzzi
Montalto Uffugo
Cosenza
Rogliano
Catanzaro
Catanzaro Marina
Roccelletta di Borgia/Scolacium
Squillace
Lido di Squillace
Soverato
Marina di Davoli
Parco Nazionale del Pollino
Catena Costiera
Sila Greca
Sila Grande
Sila Piccola
Cosenza
Crotone
Calabria
Catanzaro
Vibo Valentia
Lago di Cecita
Lago Arvo
Lago Ampollino
Lago di Tarsia
Lago di Monte Cotugno
Monte Pollino
Monte Sirino
Sant'Agata di Esaro
Cittadella del Capo
Isola di Cirella
Santa Maria del Cedro
Sangineto Lido
Marina di Belvedere
Fuscaldo
A3
E45
E90
E844
E846
E848

Multikulti à la Calabria

Im Norden Kalabriens siedelten Menschen aus vielen Regionen des Mittelmeerraums. Zu den ortsansässigen (nach Bruttium, dem antiken Namen Kalabriens benannten) Bruttiern gesellten sich Griechen und Römer; aus dem Osten, jenseits der Adria, kamen Albaner hinzu. Eine Reise auf ihren Spuren überrascht mit landschaftlicher Vielfalt.

❶ – ❷ Diamante und die Riviera dei Cedri

Zum Glück blieb ❶ **Diamante** von den Bausünden der 1970er-Jahre verschont. Die ❷ **Riviera dei Cedri**, wie findige Tourismuswerber die Westküste genannt haben, zieht sich von der Grenze zur Basilikata bis zum Golfo di Santa Eufemia.

SEHENSWERT

Im Sommer 1982 begann ein Maler aus Mailand damit, in Diamante (5100 Ew.) Häuserwände zu bemalen; über 80 Künstler schufen weitere *murales*. Links und rechts der kompakten **Altstadt** warten schöne Strände.

UMGEBUNG/MUSEEN

In **Santa Maria del Cedro**, (5000 Ew., 6 km landeinwärts) werden Zedratzitronen angebaut; das **Museo del Cedro** (Via Impresa, Juni bis Sept. 9.30–12.00 u. 17.00–22.00 Uhr, Mo. vorm. geschl., www.cedrodicalabria.it) informiert über die Zitrusfrüchte. In **Guardia Piemontese**, (1900 Ew., 20 km südl.) suchten im 12. Jh. Waldenser aus dem Piemont Zuflucht. Das Museo Occitano (Centro di Cultura, Via Gian Luigi Pascale) zeigt Kultur der frühprotestantischen Waldenser. **Scalea** (10 900 Ew.), 25 km nördlich, hat sich einen pittoresken Kern bewahrt. In der Chiesa San Nicola in Plateis (tgl. 9.00 bis 10.30, 17.00–19.30 Uhr, Do. vorm. geschl.) zeigen Apsiden und Krypta gotische Elemente. Einen Ausflug wert sind die Grotten der **Isola di Dino**. Schiffsausflüge veranstaltet in Fiuzzi „Le Vie della Perla" (Tel. 0 98 43 42 17, www.leviedellaperla.it).

VERANSTALTUNG

Anfang September veranstaltet die Accademia Italiana del Peperoncino das **Peperoncino-Festival** (www.peperoncino.org).

UNTERKUNFT

Das familiär geführte **€ / € € Cristina Hotel** (Via Pietrarossa 24, Diamante, Tel. 0 98 58 12 10, www.cristinahotel.com) liegt angenehm ruhig außerhalb der Altstadt.

INFORMATION

Ufficio Turistico Diamante, Piazza Mancini (Palazzo di Città), Assessorato al Turismo, Tel. 09 85 04 23 39, www.rivieradeicedri.it

Tipp

Rafting

Einen wilden Fluss, danach würde man in Kalabrien wohl nicht suchen. Doch die **Lao-Schlucht** (Gole di Lao) präsentiert sich auf immerhin 16 km als aufregendes Rafting-Revier. Hier kann man mit Profis auf geführte Tages- und Zweitagestouren gehen.

INFORMATION

Yahoo Calabria, Tel. (mobil) 32 04 41 66 39 oder 33 37 25 82 76 www.raftingcalabria.it; die Boote fahren immer um 9.00 und um 13.00 Uhr ab Scalea.

Im Uhrzeigersinn von oben: Wandgemälde in Diamante, an der Riviera dei Cedri, in den Gassen von Papasidero (Nationalpark Pollino).

❸ Nationalpark Pollino

Der im Jahr 1993 gegründete Parco Nazionale del Pollino ist mit 1925 km² Fläche der größte italienische Nationalpark und einer der größten in Europa. Er bietet 2000er-Gipfel, Buchenwälder und Weideflächen, Höhlen, Schluchten und Wasserläufe. Murmeltiere, Steinmarder und Wölfe sind hier zu Hause, Königsadler brüten. Ein Paradies für Wanderer.

SEHENSWERT

Die **Grotta del Romito** in Papasidero (Via Romito 44, bei Casello di Mormanno, Juli–Sept. tgl. 10.00–19.30, April u. Okt. 10.00–18.00, Nov. bis März 10.00 –16.00 Uhr, www.papasidero.info) mit der 12 000 Jahre alten Zeichnung eines Auerochsen *(Bos primigenius)* wurde 1961 entdeckt. Geführte Trekkingtouren mit einem Nationalparkführer kann man online buchen (www.guidaparcopollino.it).

INFORMATION
Ente Parco Nazionale del Pollino,
Via delle Frecce Tricolori 6, Rotonda,
http://parcopollino.gov.it

4 Civita

Spektakulär an der Raganello-Schlucht (siehe DuMont-Aktiv, rechte Seite) liegt **Civita** TOPZIEL (920 Ew.). Gegründet wurde der Ort wie die Nachbardörfer im 15. Jh. von Albanern, die vor den Osmanen geflohen waren.

SEHENSWERT
In der **Kirche Maria SS. Dell' Assunta** aus dem 17. Jh. zeugt die hölzerne Ikonostasis vom griechisch-byzantinischen Ritus.

MUSEUM
Das **Museo Etnico Arbëresh** (Piazza Municipio 9, tgl. 17.00–19.45 Uhr, www.museoetnicoarbresh.it) widmet sich der Geschichte und Kultur der eingewanderten albanischen Minderheit.

RESTAURANT
Albanische Küche serviert das €€ **Ristorante Kamastra** (nahe dem Museo Etnico Arbëresh, Piazza Municipio 4, Tel. 0 98 17 33 87, www.kamastra.net, Mi. geschl.).

UMGEBUNG
Im albanischen Dorf **Plataci** (770 Ew.). 35 km nordöstlich, finden sich *murales*. **Sibari** (5000 Ew., 30 km südlich), ist heute eine moderne Stadt – und eine bedeutende Ausgrabungsstätte (Parco Archeologico di Sibari, S.S. 106 radd., Loc. Parco del Cavallo, Di.–So. 9.00 Uhr bis eine Stunde vor Sonnenuntergang). **Rossano** (37 000 Ew.), 30 km südlich, ist berühmt für Lakritze, die hier schon seit rund 300 Jahren hergestellt wird. Hübsch: das Cafè Tagliaferri (Piazza Sant'Anagiri 9, www.tagliaferri1900.it).

INFORMATION
Pro Loco Civita, Via San Leonardo 4,
Tel. 33 92 62 68 11, www.prolococivita.it

5 Cosenza

Die Provinzhauptstadt Cosenza (68 000 Ew.), am Zusammenfluss von Crati und Busento gelegen, hat eine marode Altstadt samt Stauferkastell und ein quirliges studentisches Leben.

SEHENSWERT
Das **Dominikanerkloster** und die Kirche mit der grünen Kuppel wurde im 15. Jh. erbaut, im 17./18. Jh. verändert (Piazza Tomaso Campanella 21, tgl. 10.00–13.00 u. 16.00–20.00 Uhr). **San Salvatore**, ein byzantinisch-albanisches Gotteshaus, zeigt farbenprächtige Fresken und eine ebensolche Holzdecke (Via Gravina, So.

Oben: Baumriesen im Nationalpark Sila. Rechts oben: Exponat im Museo Archeologico Nazionale von Crotone. Darunter: im Caffè Tagliaferri in Rossano.

um 10.00 Uhr oder auf Anfrage, Tel. 09 84 83 94 01). Der **Palazzo Arnone** beherbergt eine Gemäldesammlung mit Werken süditalienischer Künstler des 16. bis 20. Jh.s (Galleria Nazionale di Cosenza, Via Gravina, Tel. 09 84 79 56 39, Di. bis So., 10.00–18.00 Uhr). Bei der Einweihung der **Cattedrale Santa Maria Assunta** (Piazza Duomo 1, www.cattedraledicosenza.it) im Jahr 1222 soll Stauferkaiser Friedrich II. anwesend gewesen sein. Im linken Querhaus findet sich das Grabmal der Isabella von Aragón (1241 bis 1271), im rechten Seitenschiff steht ein Marmor-Sarkophag aus dem 4. Jh., der womöglich die sterblichen Überreste des Staufers Heinrich VII. enthält. Die renovierte Festungsanlage (**Castello Normanno-Svevo**, www.castellocosenza.it) wurde im 10. Jh. errichtet.

MUSEUM
Der Corso Mazzini ist Fußgängerzone und – als **Museo all'Aperto Bilotti** – Freilichtmuseum mit Skulpturen von Künstlern wie Giorgio De Chirico, Salvador Dali und Sacha Sosno. Zu verdanken hat das die Stadt dem Mäzenatentum des gebürtigen Cosentiners und Wahlamerikaners Carlo Bilotti.

RESTAURANT
Die kleine €/€€ **Antica Locanda dal Povero Enzo** (Via Montesanto 42, Tel. 0 98 42 88 61, www.anticalocandadalpoveroenzo.com) hat sich auf regionale Küche spezialisiert.

UNTERKUNFT
Das historische Dreisterne-Hotel €/€€ **Excelsior** (Piazza Matteotti 14, Tel. 0 98 47 43 83, www.htlexcelsior.it) liegt zentral am Bahnhof.

UMGEBUNG
In **Paola** (16 200 Ew.,35 km westlich), gründete 1454 Franz von Paola (1416–1507) den Paulanerorden. In der Capella del Santo werden die Reliquien des Heiligen aufbewahrt (Largo S. Francesco di Pàola 1, www.santuariopaola.it). 13 km nordwestlich liegt **Rende** (35 000 Ew.), im 6. Jh. v. Chr. von den Enotriern gegründet. Die Normannen bauten im 11. Jh. ein Kastell mit drei wuchtigen Wachtürmen. Der Palazzo Zagarese (Via R. De Bartolo, Mo.–Fr. 9.00–13.00, Di. u. Do. auch 16.00–18.00 Uhr) beherbergt das Museo Civico mit einer Pinakothek und einem Volkskundlichen Museum.

INFORMATION
Cosenza Turismo, Piazza XI Settembre, tgl. 10.00–13.00 u. 16.00–20.00 Uhr, Tel. 32 81 75 44 22, www.cosenzaturismo.it

6 Nationalpark Sila

Der 740 km² große **Parco Nazionale della Sila** TOPZIEL umfasst Kiefern-, Buchen- und Kastanienwälder, karge Hochebenen, Weideland und Flüsse. Höchste Erhebung ist der 1928 m hohe Monte Botte Donato. Hier leben Apenninwölfe, schwarze Eichhörnchen, Adler und Schwarzspecht. Seit den 1920er-Jahren werden die Wasserläufe für Kraftwerke aufgestaut.

SEHENSWERT
In **San Giovanni in Fiore** (17 500 Ew.) gründete Gioacchino da Fiore 1189 die Abbazia Florense. Dante Alighieri verewigte den Mystiker in seiner Göttlichen Komödie, in der Krypta der Klosterkirche sind seine sterblichen Überreste beigesetzt (tgl. 8.00–12.00 und 14.30–19.00 Uhr).

Tipp

Gut (aus)gerüstet

Wer hat schon in Kalabrien die Wanderausrüstung dabei? Wer nicht mit Flip-Flops im Wald herumspazieren möchte, kann sich an das **Sportgeschäft Altipiani** in Camigliatello wenden. Dort können Wanderungen und Bike-Touren gebucht sowie Räder und Wanderausrüstung ausgeliehen werden.

INFORMATION
Via Roma 101, Camigliatello,
Tel. 09 84 57 87 66, www.inaltipiani.it

Am nördlichen Ufer des Arvo-Sees liegt **Lorica** (200 Ew.). Markierte Wanderwege führen um den See und in die Berge.

ÜBERNACHTEN
Im **€/€€ B&B La Forestiera** (Torre Camigliato, Via dei Camigliati, 87052 Camigliatello Silano, Tel. 09 84 57 82 0, www.torrecamigliati.it) wohnt man wie der Landadel in einem Herrenhaus.

INFORMATION
Besucherzentren am Lago Cecita, Centro Visite Cupone, Spezzano della Sila, Tel. 09 84 57 97 69, www.parcosila.it. Bei Villaggio Mancuso, Centro Visite „Antonio Garcea" und Museo Verde, Loc. Monaco, Tel. 09 61 50 74 11

7 Crotone

Die Provinzhauptstadt Crotone (60 000 Ew.) liegt auf einem Felsen an der ionischen Küste, die Stadt wirkt vernachlässigt. Der Legende nach schickte das Orakel von Delphi im Jahr 708 v. Chr. Kolonisten vom Peloponnes an diesen Ort. Um 530 v. Chr. siedelte der Mathematiker und Philosoph Pythagoras nach Kroton über. Kroton zerstörte 510 v. Chr. Sybaris, die größte Stadt der Magna Graecia.

SEHENSWERT/MUSEEN
An den Philosophen Pythagoras erinnert die **Piazza Pitagora**. Die **Kathedrale Santa Maria Assunta** aus dem 16. Jh. bekam im 17./18. Jh. eine klassizistische Fassade. In der **Cappella Privilegiata** wird die Madonna di Capo Colonna aufbewahrt; das Gnadenbild soll vom Evangelisten Lukas gemalt worden sein. Das **Museum für zeitgenössische Kunst** im Palazzo Barracco (MACK, Piazza Castello 20, Mi.–Fr. 9.30 bis 12.30, 15.00–18.00 Uhr) zeigt italienische Kunst der 2. Hälfte des 20. Jh.s. Das **Archäologische Museum** (Via Risorgimento 120, Di. bis So. 9.00–19.30 Uhr) bietet prähistorische Funde sowie Ausgrabungsstücke aus der Magna Graecia. Sehenswert ist der Schatz der Hera mit dem Diadem, einem Blätterkranz aus Gold, gefertigt um die Mitte des 6. Jh.s v. Chr.
Jeden 1. So. im Monat Trödel- und Antiquitätenmarkt mit rund 100 Händlern auf der Piazza Duomo (9.00–22.00 Uhr).

RESTAURANT/UNTERKUNFT
€€/€€€ Ercole (Viale Gramsci 122, Tel. 09 62 90 14 25, So. geschl.) serviert seit mehr als einem Vierteljahrhundert Fischspezialitäten. Im eleganten **€€/€€€ Nisí b&b** (Tel. 34 87 48 82 22, Viale Cristoforo Colombo 27, Crotone) wohnt man in einem alten Palazzo.

UMGEBUNG
Das **Capo Colonna** schiebt sich 12 km südöstlich von Crotone in das Ionische Meer. Vom Hera-Tempel ist eine Säule erhalten.

INFORMATION
Infopoint Centro Storico, Corso Vittorio Emanuele 12 und Infopoint Mare, Lungomare Gramsci, Tel. 0 96 22 18 57

Genießen Erleben Erfahren

DuMont Aktiv

In der Raganello-Schlucht

Die 15 km lange und bis zu 700 m tiefe Raganello-Schlucht im Nationalpark Pollino ist der längste Canyon Italiens. Eine Wanderung erlaubt fantastische Tiefblicke und den Spaziergang über eine Römerbrücke.

Los geht es ab der Ortsmitte von Civita in der Via Piave. Man spaziert abwärts auf guten Wegen, ausgeschildert mit Hinweisen zum Ponte del Diavolo und zur Gola di Raganello. Dabei kann man Albanisch lernen, die Schilder sind zweisprachig, die Schlucht heißt: *Grykat e Rrankanijelit*. In Serpentinen geht es hinunter, bald stößt man auf die Wollspinnerei Filardi, heute ein Museum der italienischen Industriekultur. Die erste Spinnerei stand hier im Jahr 1820.

Wie wichtig Wolle einmal gewesen ist, versteht man auf der Wanderung: Unterwegs hört man hier immer wieder Schafe blöken. Der Ponte del Diavolo wird als Römerbrücke bezeichnet, stammt aber aus dem 16. Jahrhundert. Den Zeitgenossen schien es unfassbar, dass sie von Menschen gebaut sein könnte, daher der Name (Teufelsbrücke). Nach dem Einsturz Ende der 1990er-Jahre wurde sie original wieder aufgebaut. Wenn man sie sich angesehen hat, geht es auf einem anderen Weg zurück nach Civita. Man folgt dem Treppenweg, der oberhalb des Dorfes an einem Aussichtsplatz endet.

Weitere Informationen

Am besten vormittags gehen, um die pralle Mittagshitze zu meiden. Gemächlich wandernd mit Fotostopps dürfte man etwa drei Stunden lang unterwegs sein. Wer mit einem Guide auf Tour gehen möchte, wendet sich an das Pro-Loco-Büro (Via San Leonardo 4, Tel. 33 92 62 68 11; www.prolococivita.it). Die Öffnungszeiten des Museums variieren, am besten vorher im Ort oben nachfragen, www.prolococivita.it/arte-cultura-civita.html

An der Stiefelspitze

Ein Meeresmuseum von Zaha Hadid hätte Reggio di Calabria bekommen sollen. Leider wurde nichts daraus. Darin hätten auch die Bronzekrieger aus Riace eine neue Heimat gefunden. Doch zu diesem Thema („neue Heimat") gibt es auch gute Nachrichten aus dem Süden: Der Bürgermeister von Riace nimmt Immigranten auf und belebt auf diese Weise seinen Ort ganz neu.

Mit dem Mountainbike am Capo Vaticano – unten lockt schon die Spiaggia Grotticelle als herrlicher Strand für die Rast am Meer.

Der Küstenort Roccella Ionica überrascht mit pittoresken Burgruinen (links im Bildvordergrund: Castello dei Principi Carafa della Spina, rechts daneben: Torre di Pizzofalcone); hinzu kommen schöne Strände und hübsche Badebuchten mit guter bis sehr guter Wasserqualität.

Von den Hügeln der kalabresischen Hauptstadt Catanzaro fährt man nicht einmal eine halbe Stunde bis ans Meer.

Catanzaro Lido hat einen herrlichen Strand, aber es gibt hier fast keine Hotels. Dafür Strandbars, Diskotheken und Restaurants im Überfluss. Des Rätsels Lösung: Es ist der Strand der kalabresischen Hauptstadt, von den Hügeln Catanzaros fährt man nicht einmal eine halbe Stunde bis ans Meer. In Catanzaro Lido wird kaum jemand einen Urlaub buchen, aber einen Ausflug machen die Einheimischen sehr wohl an den schier endlosen Kiesstrand. So beliebt ist dieses An-den-Strand-Fahren, dass sich auch Unmut regt. Anwohner beginnen sich vor allem gegen die abendliche *Movida* zu wehren, sie gründeten das *Comitato No rumore Catanzaro Lido*. Live-Musik bis spät in die Nacht, endlose Autoschlangen, man will all das, was den Sommer am Meer kennzeichnet, nicht mehr erdulden. Dagegen wiederum gründete sich das *Comitato No Mortorio CZ* – frei übersetzt: „Tote Hose in CZ – nein danke". Die einen wollen ihre Ruhe, die anderen sagen, man kann sich ja vergnügen, aber mit Anstand. Nicht in zweiter und dritter Reihe parken, keinen Müll hinterlassen, und: Es gibt ein Recht auf Vergnügen. Die entsprechenden Social-Media-Seiten zeigen Fotos von Straßen, auf denen kein Auto mehr fährt, weil so viele fröhliche junge Menschen sich versammeln. Das Interessante daran: Auch in Süditalien bildet sich eine Zivilgesellschaft heraus, die nicht mehr einfach alles hinnehmen will. Weder den Lärm noch dessen Verbot. Das zeugt vom Willen, die eigene Lebensumwelt mitzugestalten. Und vom Willen, sich zu wehren. Vielleicht auch gegen kriminelle Strukturen.

Schwarze Seelen

Das wäre ein Hoffnungsschimmer – für ein armes Land. Denn so manches, was einem bei einer Rundreise ins Auge fällt, spricht eine andere Sprache. So stehen in vielen Dörfern im Hinterland Bauruinen, und man kann sich gar nicht vorstellen, wofür und für wen das hier alles mal gebaut werden sollte. Antworten auf diese Frage hört man verschiedene. Manchmal steckten Eltern ihr Geld, das sie als Gastarbeiter irgendwo im Norden, sei es in Turin, sei es in Stuttgart, verdienten, in solche Häuser. Damit es die Jungen einmal besser haben ... Die aber kehrten nie mehr zurück in den Süden. So stehen die Häuser leer, wenn sie überhaupt fertig gebaut wurden.

Ein anderes Beispiel beschreibt der kalabrische Schriftsteller Gioacchino Criaco in seinem sehr lesenswerten Roman *Anime nere* („Schwarze Seelen"). Da haben die Jungen Geld gemacht, allerdings nicht auf legale Weise. Sie lassen es dem Vater zukommen, der es aber nicht anrühren will, jedenfalls nicht für sich

Zum Museo delle Arti Catanzaro (MARCA) gehört auch ein Skulpturenpark mit Werken internationaler Künstler.

Neue architektonische Akzente setzt in Catanzaro das Teatro Politeama: Für den Neubau des Stadttheaters schuf Paolo Portoghesi ein wellenförmig geschwungenes Esemble auf dem Grundriss einer Leier.

Über dem Corso Vittorio Emanuele III. in Vibo Valentia erhebt sich das mächtige Castello Svevo-Normanno, in dem sich heute ein archäologisches Museum befindet.

Rechts: Die Benediktinerkapelle Santa Maria dell'Isola thront auf einem von Kapernsträuchern und Wolfsmilch überwucherten Sandsteinfelsen unmittelbar vor Tropeas Altstadt im Meer. Im Hintergrund reckt sich die Vulkaninsel Stromboli in den abendrotfarbenen Himmel.

Unten: 'Nduja ist eine ursprünglich aus Spilinga stammende, hier von Maria Sansone in der Località Marrana stolz präsentierte, inzwischen in ganz Kalabrien verbreitete Spezialität. Dabei handelt es sich um eine sehr scharf gewürzte, weiche Rohwurst, die zum Verfeinern von Saucen wie als Brotaufstrich verwendet werden kann.

Links: Vor der Pizzeria Vecchio Forno in Tropeas Via Caivano kann man unterm freien Himmel speisen.

Anmutig schmiegt sich das charmante Städtchen Pizzo in die Hänge über dem Golf von Sant'Eufemia.

Seine gepflegten Strände machen Tropea zu einem der begehrtesten Touristenziele ganz Kalabriens.

„Die wahre Utopie ist nicht der Mauerfall, sondern das, was in Riace erreicht wurde."

Wim Wenders

selbst. So baut er zwar ein großes Haus, eine Villa, in der sich aber nur ab und an die Familie trifft.

Auch halb fertige Autobahnbrücken und neue Fernstraßen, die nie eröffnet wurden, fallen ins Auge. In den lokalen Tageszeitungen sind sie ein Dauerthema. Für Aufsehen sorgte zuletzt 2016 ein Bauskandal in Vibo Valentia. Dort wurden 47 Häuser und Wohnungen versiegelt: Schwarzbauten allesamt, nicht nur auf Agrarland errichtet, sondern auch noch in von Erdrutsch bedrohten Zonen. Schwarzgeld ist offenbar reichlich vorhanden, doch an „richtigem" Geld mangelt es überall. So ist die an der Ostküste der Stiefelspitze gelegene Kleinstadt Soverato die reichste Stadt der Provinz und die zweitreichste in ganz Kalabrien. Und doch ist das Pro-Kopf-Vermögen hier nur halb so hoch wie in den wohlhabenden Gegenden Mailands.

Die Hoffnung wohnt in Riace

Riace könnte eines dieser typischen kalabresischen Dörfer sein: die Häuser dem Verfall preisgegeben, kaum Leben in den Gassen. Doch in Riace toben Kinder durch das Dorf. Der Wandel begann im Jahr 1998. Da landete in Riace Marina ein Boot mit 218 kurdischen Flüchtlingen. Domenico Lucano, heute Bürgermeister des Dorfes, sah darin keine Bedrohung, sondern eine Chance: Warum nicht die verlassenen Häuser mit Immigranten füllen und so dem Dorf, in dem fast nur noch Alte wohnten, neues Leben einhauchen? Heute zählt Riace gut 400 Immigranten: Palästinenser, Eritreer, Afghanen, Somalier, Kurden und Libanesen. Die Dorfschule konnte weitergeführt werden, ein Kinderhort wurde eröffnet.

Bislang kannte man Riace vor allem deshalb, weil auf dem Meeresgrund hier vor der Küste zwei griechische Bronzestatuen gefunden wurden, 2500 Jahre alt. „In der Antike war das Mittelmeer eine Autobahn, ein Ort für Austausch", meint Lucano dazu. Sogar die Dorf-Patronats-Heiligen Cosmas und Damian kamen aus Syrien übers Meer. „Aber in den letzten 20 Jahren wurde das Meer zu einem Ort der Zurückweisung, zum Friedhof."

Der Bürgermeister hat nicht nur Freunde – auf eine Glastür wurde geschossen. Die Löcher sind noch zu sehen, drumherum ranken sich bunte Abdrücke von Kinderhänden: ein trotziges Kunstprojekt. „Wir machen der Mafia Angst, weil sie merken, dass sie keine Kontrolle über unseren Ort haben." Im Dezember 2014 wurde der Bürgermeister, „der sein Dorf mit Afrikanern füllt" (italienisches Zeitungszitat), zum dritten Mal wiedergewählt. Und Riace ist wahrscheinlich das sauberste Dorf Kalabriens:

Mit seinen fünf Kuppeln ist die byzantinische Ziegelkirche La Cattolica oberhalb von Stilo ein ungewöhnlicher Blickfang.

Hier liegt nichts herum. Kein Müll, auch keine achtlos weggeworfenen Zigarettenschachteln und Coladosen, einfach nichts. Dafür stehen an jeder Ecke drei Mülleimer aus Holz, farbig gekennzeichnet: Müll wird getrennt – und jeden Tag eingesammelt. Das erledigt ein junger Afrikaner mit dem Eselskarren.

Riace – paese dell'accoglienza haben die Einwohner auf ihr Ortsschild geschrieben, ein Dorf der Gastfreundschaft, das wollen sie sein. „Wir hier kennen uns aus mit Migration", sagt Domenico Lucano. Auch die Süditaliener haben von einem besseren Leben geträumt und sind in Scharen ausgewandert. Übers Meer nach Amerika und später über die Alpen. „Die Menschen aus Afrika träumen nun von Europa. Sie wollen ein besseres Leben – oder auch nur überleben. Die Menschen kommen hierher mit all ihren Hoffnungen und Träumen, so wie früher all die italienischen Emigranten von Amerika geträumt haben."

Große Träume

Auf dem Papier sieht das Ganze ziemlich aufsehenerregend aus: ein spektakuläres neues Meeresmuseum in Reggio di Calabria, entworfen von der im Frühjahr 2016 verstorbenen Architektin Zaha Hadid. Doch in der Praxis wissen noch nicht mal die Mitarbeiter des Nationalmuseums in Reggio etwas davon. „Regium Waterfront" hieß das Projekt, als Fortsetzung der hübschen Uferprome-

Special

Die Bronzekrieger von Riace

Der Schatz aus dem Meer

Vor über 40 Jahren fand ein Hobbytaucher vor der Küste von Riace zwei spektakuläre Bronzefiguren. Zu bewundern sind diese heute in Reggio di Calabria.

Großer Auftritt: „Zu den *„bronzi?"*, werden Besucher des Nationalmuseums in Reggio beim Betreten gefragt. Ja, jeder, der hierherkommt, geht zu den beiden herrlich anzusehenden Männern. Die übermannshohen Krieger aus Bronze sind künstlerische Meisterwerke und der spektakulärste Schatz des Museums. Ein römischer Hobbytaucher hatte die Statuen 1972 bei Riace Marina, nur wenige Kilometer vor der kalabrischen Küste, entdeckt. Geschaffen wurden sie im 5. Jh. v. Chr., ob im griechischen Mutterland oder in der Magna Graecia, den von Griechen besiedelten Regionen im antiken Süditalien, wurde bislang nicht geklärt. Die zwei Statuen waren in erstaunlich gutem Zustand, mussten aber jahrelang gereinigt und restauriert werden. Damit sie weitere 2500 Jahre erhalten bleiben, müssen sie vor Korrosion geschützt werden. Deshalb gehen Besucher erst durch eine Schleuse, bevor sie die *bronzi* in einem klimatisierten Raum im Erdgeschoss des Museums bewundern können. Wie die Krieger überhaupt ins Meer kamen, bleibt ein Rätsel. An der Fundstelle lagen keine Überreste eines Schiffes. Vermutlich wurden sie bei einem Sturm oder einem Angriff über Bord geworfen.

Schau mir in die Augen, Krieger!

Links: Die übermannshohen Bronzekrieger sind die spektakulärste Attraktion im archäologischen Nationalmuseum von Reggio di Calabria.

Unten: An die griechische Kolonisation erinnert die Statue der Athene in Reggio di Calabrias Arena dello Stretto. Diese befindet sich am Lungomare Italo Falcomatà – der nach Entwürfen des Architekten Pier Luigi Nervi neu gestalteten Uferpromenade, die einst von D'Annunzio als „schönster Kilometer der Welt" bezeichnet wurde.

Rechts: Humanoide Skulptur von Rabarama (Paola Epifani) an der Uferpromenade von Reggio di Calabria. Im Zentrum des Werks der 1969 geborenen Künstlerin steht der menschliche Körper als „Tempel des Lebens".

Das verlassene Hirtendorf Pentedattilo wird von bizarr verwitterten Sandsteinkegeln überragt. Nachdem die Bewohner des Orts Anfang der 1960er-Jahre wegen angeblicher Erdbebengefahr evakuiert worden waren, blieben die Erdstöße zwar zum Glück aus – doch die Behörden vergaßen, die Evakuierten wieder an ihren angestammten Ort zu bringen.

In seinem Heimatdorf Mammola schuf Nik Spatari (oben links), ein auch als „Nik de Saint Phalle Kalabriens" gerühmter Künstler, einen faszinierenden Skulpturenpark.

Oben rechts: Das Innere der bereits unter byzantinischer Herrschaft im Jahr 1045 geweihten Kathedrale der ehemaligen Bischofsstadt Gerace, des größten Kirchenbaus Kalabriens, wurde von späteren Barockzutaten befreit.

In Spataris Skulpturenpark ist inmitten der mediterranen Vegetation eines ausgedehnten Klostergartens auch „Donna Fontana" zu bewundern, ein Werk der US-amerikanischen Künstlerin Stevi Kerwin.

Natur pur: Durch ganz Kalabrien zieht sich der Apennin mit dem Aspromonte als bedeutendstem Gebirgsstock hier im Süden. Dessen lockeres Konglomeratgestein gibt bei jedem Regen nach und verändert so immer wieder die landschaftliche Szenerie.

nade war an eine ganze Museumslandschaft, eine Marina und anderes mehr gedacht. Auch die beiden Bronzekrieger aus dem Nationalmuseum hätten in das neue Gebäude umziehen sollen. Doch die Pläne scheiterten – am Geld. Nicht nur: Auch solche Einheimischen, die etwas Neuem durchaus aufgeschlossen sind, meinten, „so etwas brauchen wir nicht. Jedenfalls nicht jetzt – wir brauchen erst mal eine funktionierende Infrastruktur, einen Flughafen, der öfter angeflogen wird, eine ordentliche Moral beim Parken, vernünftige Zugverbindungen."

Verlassene Dörfer

Auch nach Pentedattilo fährt kein Bus. Pentedattilo ist eine malerische Sehenswürdigkeit; eines der verlassenen, ehemals griechischen Dörfer des Nationalparks Aspromonte. Der Name leitet sich ab von *pente* (fünf) und *dáktylos* (Finger), deutet auf griechische Ursprünge hin und bezeichnet die Formation der Felsen, die hinter den Häusern wie Finger gen Himmel zeigen. Schon in den 1960er-Jahren wanderten die Bewohner aus. Nun ist wieder etwas Leben eingekehrt, Pentedattilo wurde zum Museumsdorf. In die alten Häusern sind Läden und Ateliers eingezogen, sie verkaufen Kunsthandwerk: Häkeldecken, Spitzendecken, Krimskrams. Eine junge Verkäuferin erklärt, wie es vonstatten geht: Wer sein Haus renovieren möchte, bekommt Geld von der EU. Dafür muss er es zehn Jahre der Initiative Pro Pentedattilo zur Verfügung stellen. Und dann wird dort Touristen-Schnickschnack verkauft. Man möchte verzweifeln. Sicherlich ist das, was hier passiert, vor allem Wirtschaftsförderung. Um zu renovieren, werden lokale Handwerker und Firmen beschäftigt, was lobenswert ist. Aber warum kommt nie jemand auf bessere Ideen, als auf Häkeldeckchen und aussterbendes Handwerk? Warum werden in den renovierten Häusern keine Computerkurse für Jugendliche angeboten? Warum wird keine Fahrradwerkstatt eingerichtet? Wie wäre es mit einem Start-Up, das Häkelmützen für Hipster fabriziert und nach Barcelona, Berlin und Brüssel verkauft?

Zurück in Reggio di Calabria beendet ein Spaziergang am Lungolago diese lange Reise in den Süden. In Tropea, weiter nördlich an Kalabriens Küste, zeigt sich stets der Stromboli mit seinem Vulkan, an klaren Tagen sind auch die anderen Liparischen Inseln zu sehen. Drüben, auf der gegenüberliegenden Seite des Stiefels in Apulien, ist bei besonders gutem Wetter die Bergkette Albaniens zu sehen. Und hier in Reggio geht der Blick die Meerenge hinweg nach Sizilien. Wie eine Fatamorgana steigt der Ätna aus dem Meer auf.

ZITRUSFRÜCHTE

Bunt und vielfältig

Die einen sind fast melonengroß und grün, die anderen klein, schrumplig und gelb: In Kalabrien wachsen ganz besondere Zitrusfrüchte. Wer glaubt, mit Mandarinen, Orangen, Zitronen, Limetten, Grapefruit und Pomelo schon alles zu kennen, kann hier drei weitere entdecken: Bergamotte, Clementine und Zedratzitrone.

Das grüne Leuchten: Angelo Verduro in seiner „Bar Egidio" in Santa Maria del Cedro.

Angelo Verduro steht mitten im Grünen. Alles in seiner „Bar Egidio" leuchtet grün: die Flaschen mit dem Zedrat-Sirup, der Likör, der Grappa. „Die Zedrat-Zitronen sind nun mal unser wichtigstes Produkt", sagt er, und sogar der Ort heißt entsprechend: Santa Maria del Cedro. Zurecht: Diese Zitrusfrucht war wohl die erste, die auf dem europäischen Kontinent angebaut wurde. Heute wächst sie fast ausschließlich in Kalabrien, an der Riviera dei Cedri, die nichts mit Zedern zu tun hat: Cedri sind Zitronen, und zwar ganz spezielle. Sie werden fußballgroß. Oder, genauer: Sie wurden so groß. „Früher haben die bis zu zehn Kilo gewogen", sagt Angelo, „nun ist der Boden ausgelaugt, mehr als fünf Kilo ernten wir nicht mehr." Cedri bestehen fast ausschließlich aus Schale, die eigentliche Frucht innen drin ist nicht größer als die einer Schrumpelzitrone. Aber aus der Schale wird Zitronat hergestellt, wichtig für die sizilianische Cassata.

Zedratzitronen: begehrt und geehrt

An der Wand in der Bar hängen Fotos einiger älterer Herren, offensichtlich Juden, wie am Habit zu erkennen ist. „Die kommen schon seit Jahrzehnten aus Israel", erläutert Angelo, „die bleiben einige Monate im Sommer, um besonders schöne Cedri auszusuchen." Denn diese sind ein fester Bestandteil im obligatorischen Feststrauß des jüdischen Laubhüttenfestes. Die dafür verwendeten Früchte dürfen nicht von Insekten angefressen und müssen besonders schön gefärbt sein.

Bergamotte: köstlich und kostbar

Ganz im Süden der Region wird die Bergamotte angebaut, eine kleine, recht säuerliche Orangenform. Das kostbare Bergamotte-Öl verwendet man etwa zum Parfümieren von Tee (Earl Grey). Außerdem setzt es die Kosmetikindustrie gern ein. Das klassische Kölnisch Wasser duftet danach, was kein Zufall ist – ein nach Köln ausgewanderter Süditaliener erfand es einst.

Neunzig Prozent der Weltproduktion an Bergamotte-Öl kommen aus dieser Region. Um 1750 wurden die ersten Plantagen angepflanzt, heute ist es ein DOP-Produkt, also mit geschützter Herkunftsbezeichnung. Wenn man die Schale der Früchte mit dem Fingernagel einritzt, macht sich der intensive Duft Luft.

Clementine: Die Dritte im Bunde

Die Clementine ist vermutlich eine Kreuzung zwischen Mandarine und Bitterorange. Biologisch erstmals untersucht wurde sie 1902 in Algerien von dem Missionar Clement Rodier, nachdem sie auch benannt ist. Am häufigsten wird sie in der Piana di Gioia Tauro und in der Ebene von Sibaris angebaut. Auch die Clementinen ha-

Oben: Kennst du das Land, wo …? Genau. Auch am Capo Vaticano (hier in einem Restaurant bei Ricadi) blühen sie zwar gerade nicht, verströmen aber doch ihren Duft.

Links: Bergamottenernte in der Gemeinde Condofuri beim Parco Nazionale dell'Aspromonte.

ben eine geschützte Herkunftsbezeichnung. In der Sibaris-Ebene werden mittlerweile auch Bio-Clementinen angebaut. Dort ist es sonnig, aber mild, zudem schützen die Bergketten der Sila und des Pollino-Massivs vor Wind und Hagelschäden. Angenehm für den Verbraucher: Die kalabrischen Clementinen sind in der Regel kernlos. Heute werden rund 200 000 Tonnen Clementinen im Jahr angebaut, es wird zweimal geerntet.

Clementinen sind sehr Vitamin-C-haltig. Wer zwei davon am Tag isst, deckt seinen gesamten Vitamin-C-Bedarf. Um sicher zu gehen, kann man ja noch ein paar Bergamotte-Bonbons lutschen und mit einem Cedro-Grappa nachspülen. Den gibt es auch bei Angelo in der Bar.

Fakten & Informationen

Die Zedratzitrone wächst an der Riviera dei Cedri, die sich in Kalabrien von der Grenze zur Basilikata im Norden bis zum Golf von Santa Eufemia erstreckt. Infos: www.rivieradeicedri.it

In Santa Maria del Cedro informiert das Museo del Cedro über Anbau und Verarbeitung, Via Impresa, Juni–Sept. 9.30–12.00 u. 17.00–22.00 Uhr, Mo. vorm. geschl., Eintritt frei. Infos: www.cedrodicalabria.it

Bei Pizzimenti in Reggio di Calabria gibt es so ziemlich alles, was man mit Bergamotte machen oder veredeln kann: Sirup, Nektar, Tee, Honig, Schokolade und Kosmetika, Corso Garibaldi 263. Infos: www.pizzimenti.it

Paola
San Lucido
Fiumefreddo Bruzio
Amantea
Campora San Giovanni
Nocera Terinese
Falerna Marina
Lamezia Terme
Capo Suvero
Santa Eufemia Lamezia
Cosenza
Spezzano della Sila
Celico
Pedace
Monte Botte Donato
Carolei
Aprigliano
Colle d' Ascione
Rogliano
Bocca di Piazza
Coraci
Soveria Mannelli
Camigliatello Silano
Lago di Ariamacina
Germano
San Giovanni in Fiore
Lago Arvo
Lago Ampollino
La Sila
Cerenzia
Monte Gariglione
Villaggio Mancuso
Sila Piccola
Taverna
Sersale
Petronà
Zagarise
Pentone
Gimigliano
Soveria Simeri
Tiriolo
Catanzaro
la Petrizia
Sellia Marina
Caraffa di Catanzaro
Maida
Cortale
Girifalco
Borgia
Catanzaro Marina
Roccelletta di Borgia/Scolacium
Lido di Squillace
Squillace
Gasperina
Golfo di Squillace
Golfo di Santa Eufemia
Curinga
Filadelfia
Pizzo Calabro
Pizzo
Polia
San Vito sullo Ionio
Petrizzi
Soverato
Marina di Davoli
Davoli
Chiaravalle Centrale
Maierato
Vibo Valentia Marina
Briatico
Vibo Valentia
Hipponion
Tropea
Capo Vaticano
Ricadi
M. Poro
Rombiolo
Zungri
Mileto
Sant'Angelo
Soriano Calabro
Simbario
Serra San Bruno
Cardinale
Lago d. Lacina
Sant'Andrea Apostolo dello Ionio
Badolato Marina
Badolato
Santa Caterina dello Ionio-Marina
Santa Caterina dello Ionio
Monte Pecoraro
Ferdinandea
Stilo
Caulonia
Monasterace
Punta Stilo
Monasterace Marina
Riace
Riace Marina
Golfo di Gioia
Joppolo
Nicotera Marina
Nicotera
Rosarno
San Ferdinando
Eranova
Gioia Tauro
Lido di Palmi
Palmi
Laureana di Borrello
Dinami
Dasa
Arena
Mongiana
Fabrizia
M. Crocco
Monte Seduto
Cinquefrondi
Polistena
Taurianova
Cittanova
Mammola
Grotteria
Gioiosa Ionica
Roccella Ionica
Marina di Gioiosa Ionica
Siderno
Locri
Locri Epizefiri
Gerace
Ardore
Seminara
Varapodio
Oppido Mamertina
Bagnara Calabra
Costa Viola
Scilla
Sinopoli
Cosoleto
Delianuova
Platì
Careri
San Luca
Bovalino Marina
Aspromonte
Parco Naz. dell' Aspromonte
Montalto
Gambarie
Santo Stefano in Aspromonte
Villa San Giovanni
Calanna
Campo Calabro
Gallico
Reggio di Calabria
Cardeto
Punta d' Atò
Roccaforte del Greco
M. Lesti o Grosso
Caraffa del Bianco
Bianco
Sant'Anna
Samo
Staiti
Bova
Palizzi
Brancaleone Marina
Galati
Capo Spartivento
Costa dei Gelsomini
Bova Marina
Stracia
Marina di San Lorenzo
Melito di Porto Salvo
Pentedattilo
Montebello Ionico
Lazzaro
Motta San Giovanni
Bocale
Pellaro
San Gregorio
M. Embrisi
Bagaladi
Sicília
Messina
Stretto di Messina
Torre Faro
Sant'Agata
Castanea delle Furie
Spartà
S. Saba
Rometta
Galati Marina
Itala
Scaletta Zanclea
Alì Terme
Roccalumera
Salerno
Nápoli
Stromboli
Isola Lipari, Isola Vulcano
Catánia
Maßstab 1:650.000
0
10km

Ins Meer getaucht

Wie eine Halbinsel schiebt sich die Stiefelspitze ins Meer. Lebhafte Städte wie Catanzaro und Reggio di Calabria laden zum Schlendern ein, in den Bergen des Aspromonte kann man wandern und griechische Kultur entdecken sowie an herrlichen Stränden baden.

1 Catanzaro

Kalabriens Hauptstadt (91 000 Ew.) liegt auf einem steilen Plateau in einiger Entfernung vom (Ionischen) Meer. An klaren Tagen sieht man von hier in westlicher Richtung auch die andere Seite des Stiefels bis zum Tyrrhenischen Meer.

SEHENSWERT

Zu den ambitionierteren Neubauten Kalabriens zählt das nach Entwürfen von Paolo Portoghesi errichtete **Teatro Politeama** (Via Jannoni, www.politeamacatanzaro.net). Als erste öffentliche Grünanlage wurde im Jahr 1881 der **Park Villa Margherita** (ehemals Villa Trieste) mit zauberhaftem Fernblick angelegt.

MUSEEN

Moderne kalabrische und internationale Kunst prästiert das **Museo delle Arti di Catanzaro** (MARCA, Via Alessandro Turco 63, Kernöffnungszeit tgl. 9.30–13.00 u. 16.30–20.00 Uhr, www.museomarca.info). Im **Internationalen Skulpturenpark** (Via Cortese 1, tagsüber) stehen Werke u.a. von Jan Fabre, Mimmo Paladino, Stephan Balkenhol und Michelangelo Pistoletto.

RESTAURANT/UNTERKUNFT

In der **€ Trattoria Da Salvatore** (Salita del Rosario 28, Tel. 09 61 72 43 18) hat schon Leonardo di Caprio gegessen. Wer dort speist, versteht, warum. Im **€/€€ B&B La Residenza dei Nobili** (Vico Alberghi, 12, Catanzaro, Tel. 09 61 70 10 66, www.residenzadenobili.it) wohnt man am Corso in der Altstadt.

UMGEBUNG

Etwa 20 km westlich liegt **Tiriolo** (3900 Ew.). In einigen Ateliers wie TessilArt (Vico Cigala 2) werden Vancali gefertigt, traditionelle Trachtenschals aus Seide oder Wolle. Zum Übernachten bietet sich das **€€ Due Mari** (Residence e Ristorante Due Mari, Viale Cavour 46, Tel. 09 61 99 10 64, www.duemari.com) an, mit familiärem Ambiente. In südlicher Richtung über Soverato die Küste hinab lohnt ein Abstecher nach **Stilo** im Hinterland mit der Cattolica di Stilo, einer kleinen, byzantinischen Kirche.

INFORMATION

Touristenbüro Via Spasari 3 (Galleria Mancuso), Tel. 09 61 74 39 61, Pro Loco, Via XX Settembre 26, Tel. 09 61 70 20 03, www.proloco-catanzaro.org, www.visitcatanzaro.it

Im richtigen Licht: die in 340 m Höhe sich auf einem Felsplateau drängende Altstadt von Catanzaro (oben). Links: Exponat im Museo delle Arti di Catanzaro (MARCA).

2 Vibo Valentia

Das geschäftige Vibo Valentia liegt in einer fruchtbaren Hochebene. Die Staufer nannten die Stadt (33 600 Ew.) „Monteleone" (Löwenberg). Besucher spazieren zwischen griechischen Befestigungsanlagen, Stauferkastell und Barockdom.

SEHENSWERT/MUSEEN

An der Stelle des **Castello** (**Museo Archeologico Statale Vito Capialbi**, Via Capialbi, Mo. bis So. 9.00–19.30 Uhr) stand einst die Akropolis des antiken Hipponion – die normannischen Eroberer bedienten sich seiner Bausubstanz, Friedrich II. ließ die Festung erweitern. Die meisten Adelspaläste wurden nach dem verheerenden Erdbeben von 1783 gebaut, etwa der **Palazzo Cordopatri** in der gleichnamigen Straße. Wo sich heute der im Jahr 1680 errichtete **Dom Santa Maria Maggiore** erhebt, stand einst eine byzantinische Basilika. Im **Dominikanerkloster** hat seit 1982 das **Museo d'Arte Sacra** seinen Sitz (Piazza San Leoluca 1, Di.–So. 9.00–19.00 Uhr).

RESTAURANT

Die **€€ Enoteca Osteria Rosso Barrique** (Via M. Ignoto 21, Tel. 0 96 35 47 11, So. geschl.) kredenzt edle – und edelste – Tropfen.

UMGEBUNG

Das charmante Städtchen **Pizzo** (9200 Ew.) schwebt förmlich über dem Golf von Sant'Eufemia. Die zentrale Piazza della Repubblica ist ein typisch süditalienischer Freiluftsalon mit zahlreichen Eisdielen. Hier soll das nougatdunkle Trüffeleis, *tartufo*, erfunden worden sein. Im **Kastell** wurde Joachim Murat, der

Schwager Napoleons, hingerichtet. Seine letzten Stunden sind mit lebensgroßen Figuren nachgestellt (Castello Murat, Juni–Sept. 8.30 bis 14.30 u. 15.00–21.00, Okt.–Mai 8.30–19.00 Uhr, www.castellomurat.it).

3 Tropea

Stolz thront **Tropea** TOPZIEL (6600 Ew.) an der Westküste auf einem Tuffsteinfelsen, feinsandige Strände und das türkisblaue Meer zu Füßen. Schon die Römer bauten sich hier einen Handelshafen.

SEHENSWERT/ERLEBEN

Die im Hochmittelalter von Benediktinern errichtete **Kirche Santa Maria dell'Isola** liegt auf einem Sandsteinfelsen, mit einem Kakteengarten und einer versteckten Grotte. Der **Largo Viletta** ist die Panoramaterrasse der Stadt. Hoch verehrt werden in der trotz mehrerer Erdbebenschäden imposanten **Kathedrale** eine um das Jahr 1330 gemalte Ikone der Madonna della Romania über dem Hochaltar und darunter die Reliquien der Märtyrerin Dominica. Beide sind Schutzpatroninnen der Stadt. Vom **Lungomare** sind es nur ein paar Schritte zu den Traumstränden in den Buchten. Wer die Küste erkunden will, kann sich hier Räder leihen: www.velamoonlight.com/tedesco/info.html

RESTAURANTS/UNTERKUNFT

Im **€€ Genius Loci** (Largo Vaccari 51, Tel. 345 58 96 47) gibt es ausgezeichneten Fisch, Pasta und Sonnenuntergänge im Meer. In der **€€ Osteria del Pescatore** (Via del Monte 7, Tel. 09 63 60 30 18, Mi. geschl.) fühlen sich Fischliebhaber bei Kabeljau, Calamari, Muscheln oder Meeresfrüchten wohl.
Das **€€ B&B Donnaciccina** (Via Pelliccia 9, Tel. 0 96 36 21 80, www.donnaciccina.com) liegt mitten in der Altstadt, die Gäste werden von einem Papagei begrüßt.

UMGEBUNG

Nördlich von Tropea, etwa 10 km bis **Marina di Zambrone**, finden sich zahlreiche schöne Strände. Wenige Kilometer südlich von Tropea erreicht man das **Capo Vaticano**, das sich zwischen dem **Golfo di S. Eufemia** und dem **Golfo di Gioia** ins Tyrrhenische Meer hineinschiebt, für die Seefahrer der Antike ein Orakelplatz. Ein schöner Ort für einen Cocktail auf der Terrasse ist **€€ Le Pietre Volte** (Capo Vaticano Località Tonicello, Tel. 09 63 66 53 91). Im Hinterland des Kaps liegen wenig besuchte Orte wie **Ricadi** und **Spilinga**.

Tipp

Agriturismo

Bäuerliches Leben nachempfinden kann man bei einem Agriturismo-Urlaub, also **Ferien auf dem Bauernhof**. So im Feudo Gagliardi, 3 km von Caulonia entfernt. Auf den Tisch kommen eigene Produkte, und wer mag, lädt die auch in den Kofferraum, beispielsweise den Wein und das Olivenöl.

INFORMATION
€€ Feudo Gagliardi, Loc. Stincuso, Caulonia, www.feudogagliardi.it

Tipp

Bike Calabria

Die Idee, mal aufs Rad zu steigen, ist verlockend. Die Aussicht, sich mit Autofahrern die engen Straßen zu teilen, hingegen weniger. Und kleine Wege, die nicht vor Zäunen enden, sind schwer zu finden. Praktischerweise gibt es ab Ricadi geführte **Mountainbike-Touren**. So führt etwa Dienstag vormittags eine Halbtagestour zum Capo Vaticano oder mittwochs eine Tagestour auf den Monte Poro, ein Ausflug für trainierte Radfahrer. Wer es doch auf eigene Faust versuchen will: Leihräder werden auch vermietet.

INFORMATION
Bike Calabria, Villaggio Baia del Sole, C. da Torre Ruffa, Capo Vaticano, 89866 Ricadi, Thomas & Myriam Hofmeister, Tel. 34 98 11 40 54, www.bike-calabria.com

An der Meerenge von Messina markiert Reggio di Calabria die Spitze des italienischen Stiefels.

INFORMATION
Pro Loco, Piazza Ercole 29, Tel. 0 96 36 14 75, www.prolocotropea.eu, www.tropea.biz, März bis Okt. 9.00–13.00 und 16.30–20.00 Uhr

4 Riace

In **Riace** TOPZIEL wird man herzlich empfangen – der Ort nennt sich *Paese dell'accoglienza* (Ort der Aufnahme).

SEHENSWERT

Riace gliedert sich in zwei Siedlungszentren – den mittelalterlichen Bergort im Landesinnern, **Riace Superiore** (oder Borgo), und **Riace Marina** mit seinen schönen Kies- und Sandstränden am Ionischen Meer.

UMGEBUNG

Ein lohnendes Ausflugsziel von hier ist weiter südwestlich der Küstenort **Roccella Ionica**, touristischer geprägt landeinwärts **Caulonia**.

5 Nationalpark Aspromonte

Die Gipfel des Aspromonte sind geprägt von bizarren Felsformationen, Tälern und Wasserläufen, die im Sommer austrocknen. Der Nationalpark umfasst Orangen- und Olivenhaine, Buchenwälder, Kiefern und Fichten. Murmeltiere und Wildkatzen sind im Aspromonte heimisch. Bis ins 19. Jh. wurde in einigen Ortschaften Greciano gesprochen, ein griechischer Dialekt.

SEHENSWERT

Im Bergdorf **Gallicianò** (60 Ew.) grüßt eine Steinschrift in Neu-Griechisch und Greciano: „Mitten in den Bergen, von Schmerzen und Liedern erfüllt." Griechisch-orthodoxe Messen werden in der **Chiesetta Bizantina** abgehalten. In den 1930er-Jahren erforschte der deutsche Romanist Gerhard Rohlfs in **Bova** (440 Ew.) den griechischen Dialekt. Bova gehört zu den *Borghi piu belli d'Italia*, den schönsten Dörfern Italiens. **Pentedattilo** wurde zum Museumsdorf. In **Mammola** (2900 Ew.) verwandelte der Künstler Nik Spatari das **Kloster Santa Barbara** (Museo d'Arte Moderna, Via Santa Barbara, an der SS 682, www.musaba.org, Mo. bis Sa. April–Sept. 8.00–18.00, Okt–Ende März 9.00–16.00 Uhr) in ein Kunstmuseum.

RESTAURANT/UNTERKUNFT

Regional-deftig kocht man in der **€ Taverna di Bova** (Via IV Novembre, Bova, Tel. 34 01 21 63 75). Hotelgäste ziehen bei der **€ Cooperativa San Leo** (Ospilità diffusa, Tel. 34 67 15 91 00, www.paleariza.it/bova/item/ospitalita-diffusa-cooperativa-san-leo) in leerstehende Häuser in Bova.

INFORMATION
Nationalpark-Besucherzentren: Via Torrente Zervò, Bagaladi, Tel. 09 65 72 48 06, centrovisita.bagaladi@parcoaspromonte.gov.it, Mo.–Sa. 10.00–13.00 und 14.00–18.00, So. 10.00–13.00 u. 15.00–20.00 Uhr, in einer ehemaligen Ölmühle (Antico Frantoio Jacobino).
Ente Parco Nazionale dell'Aspromonte, Via Aurora 1, Gambarie, Tel. 09 65 74 30 60, www.parcoaspromonte.gov.it

6 Reggio di Calabria

An der Meerenge von Messina markiert Reggio di Calabria (184 000 Ew.) die Spitze des italienischen Stiefels. Im 8. Jh. v. Chr. gründeten hier griechische Kolonisten Rhegion, eine der wichtigsten Städte der Magna Graecia. Im Jahr 536 wurde sie von byzantinischen Kaisern erobert. Es folgten Araber, Normannen, die Anjou und im 18. Jh. die Bourbonen. Man kann in der Fußgängerzone bummeln, an der Uferpromenade spazieren und nach Sizilien blicken.

SEHENSWERT/MUSEUM
Als „schönster Kilometer Italiens" wird der **Lungomare Falcomatà** gerühmt. Der **Duomo** wurde nach dem Erdbeben von 1908 in weißem Kalkstein aufgebaut. Im Inneren steht ein Fragment der Paulus-Säule – der Apostel soll in Reggio italienischen Boden betreten haben. Oberhalb liegt die Ruine des Kastells der Aragonesen (15. Jh.). Das **Museo Archeologico Nazionale** TOPZIEL (Piazza Giuseppe De Nava 26, April–Dez. tgl. 9.00–20.00 Uhr, Jan.–April Mo. geschl., www.archeocalabria.beniculturali.it/archeovirtualtour/) zeigt die vor der Küste bei Riace gefundenen Bronzekrieger.

SHOPPEN
Pizzimenti (Corso Garibaldi 263, www.pizzimenti.it) verkauft Bergamotte-Produkte wie Sirup, Tee, Honig, Schokolade und Kosmetika.

RESTAURANT/UNTERKUNFT
Das **€ Baylik** (Vico Leone 1–5, Tel. 0 96 54 86 24, www.ristorantebaylik.it. mittags u. abends) verwöhnt mit Meeresküche. Das **€€ B&B Medinblu** (Via Miraglia 19, Tel. 34 79 45 92 10, www.medinblu.it) zeigt sich modern und luftig hell.

UMGEBUNG
Scilla (5100 Ew.) erreicht man Richtung Norden in 20 Minuten. In Homers „Odyssee" wird der Felsen als Sitz eines Ungeheuers mit sechs Köpfen beschrieben. Das Burg-Museum präsentiert die Geschichte der Schwertfischjagd (Castello di Ruffo, tgl. 8.30–19.30 Uhr). Auf die andere Seite des Felsens schmiegt sich das Fischerviertel Chianalea. Wer tauchen möchte, wendet sich an das Scilla Diving Center (Tel. 09 65 75 45 85, www.scilladiving.it).

INFORMATION
Ufficio Informazioni Turistiche, Palazzo San Giorgio, Via del Torrione 96, Tel. 096 53 62 22 65, turismo@comune.reggio-calabria.it, http://turismo.reggiocal.it

Genießen Erleben Erfahren

DuMont Aktiv

Wandern zu San Bruno

Wanderwege in Süditalien gleichen oft einer Schnitzeljagd. Nicht so diese Tour in der Umgebung der Certosa di Santo Stefano.

Hinter den hohen Mauern leben Mönche in strenger Klausur. Man möchte auf die Mauer klettern und hinüberlinsen. Bessere Idee: eine Wanderung durch den Buchenwald bei Serra San Bruno.

Die Wanderung beginnt am Parkplatz des Kartäuserklosters Santo Stefano del Bosco. Gut ausgeschildert geht der Weg bis zu Santa Maria del Bosco. Hier begann es: Roger I., Graf von Kalabrien und Sizilien, schenkte 1091 Bruno von Köln, dem Gründer der Kartäuser, den Ort für eine Einsiedelei. In einem kleinen See steht eine Figur des Ordensgründers. Das zwei Kilometer entfernte Kloster wurde einige Jahre nach der Schenkung gebaut, später verlassen. Um 1840 wurde es von Kartäusern restauriert.

Nun geht der Weg bergauf, bergab durch den Parco Naturale Regionale delle Serre. Man folgt den Schildern „Sentiero Frassati". Pier Giorgio Frassati (1901–1925) war ein katholischer Alpinist, der am 20. Mai 1990 vom damaligen Papst Johannes Paul II. seliggesprochen wurde. Da es auf demselben Weg zurück geht, kann man hier entweder einen Nachmittag herumspazieren oder als Tagestour bis nach Mongiana wandern, wo sich eine heute als Museum eingerichtete Waffenfabrik befindet.

Weitere Informationen

Naturschutzgebiet Parco Naturale Regionale delle Serre, www.parcodelleserre.it
Im Museo della Certosa wird das Leben der Mönche dargestellt: Serra San Bruno, tgl. 10.00 bis 13.00 und 15.00–18.00 Uhr, www.museocertosa.org (beim Museum gibt es auch einen Laden mit regionalen Produkten).
Zum Eisen- und Waffen-Museum in Mongiana wandert man hin und zurück ca. 7 Std., Höhenmeter: 500 m, www.touristinformation.de

Lieblingsrestaurants am Meer

Essen mit Aussicht

Man sollte ja annehmen, dass in Apulien und Kalabrien, die eine schier endlose Küste haben, ein Restaurant mit Meerblick neben dem anderen liegt. Dem ist aber nicht so. Italiener haben das Meer alle Tage vor der Nase, abends sitzen sie lieber mit Blick auf die Piazza, da ist wenigstens was los. Einige schöne Meerblick-Terrassen gibt es aber doch.

1 Reggio di Calabria

Schon der Blick ist der Hammer: Man schaut über den *stretto*, die Straße von Messina, hinüber nach Sizilien. Bei klarem Wetter steigt im Hintergrund die Silhouette des Ätna in den Himmel, wie eine Fatamorgana. Einheimische loben im La Capanna das gute Preis-Leistungs-Verhältnis, was nicht bedeutet, dass man hier günstig isst, dafür aber guten, frischen Fisch zu reellen Preisen. Manchmal stellt der Wirt die Tische abends direkt an den Strand, also in den Sand. Mehr Meer geht nicht.

Kalabrien, La Capanna, Via Vecchia Prov.le 54, Reggio di Calabria, Tel. 09 65 67 40 21

2 Porto Cesareo

Für die einen ist es eine Badeanstalt, für die anderen ein wundervolles Restaurant am Meer. Recht haben beide: In vielen Strand-Anlagen wird mittlerweile weit mehr serviert als eine Schale Pommes und Eis aus der Truhe. Das Bacino Grande ist ein elegantes Restaurant direkt am Meer. Und (das lieben die Italiener): Die Räume sind klimatisiert.

Apulien, Bacino Grande, Ristorante, Stabilimento balneare, Via Torre Lapillo 35, Porto Cesareo, Tel. 08 33 56 51 13, www.bacinogrande.it

3 Vieste

Die Tische stehen direkt am Hafen, man hört das Klackern der Schiffsmasten. Besitzer und Koch Leonardo Vescera ist viel in der Welt herumgekommen, bevor er das Restaurant eröffnete. Er träumte immer davon, ein Lokal „mitten im Meer" zu haben. *Eccolo!*

Apulien, Ristorante Il Capriccio, Porto Turistico, Vieste, Tel. 08 84 70 78 99, www.ilcapricciodivieste.it

4 Gallipoli

Der Platz ist spektakulär: Man sitzt so gerade außerhalb der Stadtmauer von Gallipoli, aber immer noch auf der Halbinsel, auf der der historische Stadtkern geschlossen ruht. Auf einfachen Stühlen, neben die Straße gestellt, sieht man die Stadt, das Meer – und wahrhaftige Sirenen, so heißt das Lokal ja auch. Unterhalb des Restaurants liegt ein Strand, da tummeln sich die Schönheiten. Serviert werden zum Beispiel Miesmuscheln mit Gorgonzola, marinierte Sardinen, Hummer und Fischsuppe.

Apulien, Trattoria Scoglio delle Sirene, Riviera Nazario Sauro 83, Gallipoli, Tel. 08 33 26 10 91, www.scogliodellesirene.com

5 Tropea

Pizza mit Stromboli-Blick. Im Al Cannone in Tropea kann man der Sonne zusehen, wie sie bei Stromboli im Meer versinkt, und sich passend dazu eine scharfe Pizza Vulcano bestellen. Ebenfalls im Blick: Santa Maria dell'Isola – die schmucke Kirche, die vor Tropea auf einem Sandsteinfelsen thront. Auch tagsüber für einen Café oder einen frisch gepressten Orangensaft sitzt man gerne auf der Terrasse.

Kalabrien, Ristorante Pizzeria Al Cannone, Via Largo Villetta, Tropea, Tel. 0 96 36 03 16

6 Capo Vaticano

Im Garten auf Loungesesseln lümmeln, stilvoll – mit Michelinstern – dinieren, der Musik des DJ lauschen ... Und als wäre das nicht genug, liegt das Le Pietre Volte auch noch so, dass man von der Terrasse das Meer sieht. Capo Vaticano gehört zu den schönsten Meerblickplätzen Kalabriens; wenn dann im Restaurant auch noch Fisch serviert wird, ist der Ausklang des Tages perfekt. Und da eine eigene Gelateria dazu gehört – ist die Nachtischfrage auch gleich geklärt. Oder vielleicht auch nicht: Es gibt 30 Sorten Eis.

Kalabrien, Restaurant Le Pietre Volte in Capo Vaticano Localita Tonicello, Tel. 09 63 66 53 91, www.lepietrevolte.com

7 Polignano a Mare

Bei Poligano a Mare, südlich von Bari, sitzt man in diesem Lokal mitten im Fischerdorf – am Meer. Die große Terrasse wird geschützt von weißen Sonnenschirmen, man nimmt an weiß gedeckten Tischen Platz, *fine dining by the sea*. Passend die Karte mit viel frischem, rohem Fisch, etwa der Meeresfrüchtesalat; es gibt Pasta mit Muscheln und kleinen Tomaten, *Paccheri* mit Calamari und Krebsen sowie diverse Fischgerichte. Zum Sonnenuntergang erstrahlt die Abbazia di San Vito. Beliebt ist auch die American Bar: Gleicher Blick, aber statt Krabben gibt es Cocktails.

Apulien, Ristorante La Colonna, Via San Vito 312, Loc. San Vito, Polignano a Mare, Tel. 08 04 24 88 87, www.ristorantelacolonna.it

Oben: Castel del Monte – die „Krone Apuliens". Rechts: Zwischen Apulien und Kalabrien schiebt sich die Basilikata (hier mit dem Heratempel bei Metaponto).

Service

Praktische Informationen für die Reise und einiges Wissenswerte über Apulien und Kalabrien haben wir hier für Sie zusammengetragen.

Anreise

Auto: Wer mit dem Auto anreist, fährt über die A8 München–Innsbruck–Brenner und über Bozen sowie weiter (als A22) nach Modena. Ab Bologna geht es auf der A14 entlang der Adriaküste nach Apulien. Wer Kalabrien ansteuert, fährt ab Bologna auf der A1 Kurs Richtung Florenz, Rom und Neapel. Ab Salerno führt die A30 über die A3 bis ins südliche Kalabrien.
Bus: Eurolines-Busse (www.eurolines.de) fahren im Linienverkehr aus mehreren Städten in Deutschland nach Bologna oder Mailand, wo man in Fernzüge gen Süden umsteigen kann.
Flug: *Apulien* hat mit Bari und Brindisi zwei internationale Flughäfen. Mehrere Airlines (z.B. Alitalia, Air Dolomiti, Ryan Air) bieten im Sommer Direktflüge ab München (Flugzeit 1,40 Stunden) und vielen anderen deutschen Flughäfen nach Bari an. Außerhalb der Sommersaison sind Verbindungen mit Stopp in Mailand oder Rom die Regel. Bei Verbindungen ab Zürich und Wien ist auch in der Sommersaison fast immer ein Zwischenstopp erforderlich. Brindisi wird – auch im Sommer – ab Deutschland, Österreich und der Schweiz zumeist nur mit Umsteigeverbindungen (z.B. über Mailand oder Rom) angeflogen.
Kalabrien besitzt mit Lamezia Terme, Crotone und Reggio di Calabria drei internationale Flughäfen. Flüge nach Neapel sind ebenfalls möglich. Im Sommer gibt es preisgünstige Direktverbindungen (z.B. mit Eurowings) von vielen deutschen Flughäfen, ab Wien, Zürich, Genf oder Basel nach Lamezia Terme. Reggio wird in der Regel per Umsteigeverbindung (über Rom) bedient, Ryan Air fliegt Crotone ab Mailand an.
Fluggesellschaften: Alitalia (www.alitalia.com), Air Dolomiti (www.airdolomiti.de), Eurowings (www.eurowings.com), Ryan Air (www.ryanair.com).
Flughäfen: Bari (http://portal.aeroportidipuglia.it), Brindisi (http://portal.aeroportidipuglia.it), Crotone (www.aeroporto.kr.it), Lamezia Terme (www.lameziaairport.it), Reggio di Calabria (www.aeroportodellostretto.it).
Zug: Ab Deutschland, Österreich und der Schweiz gibt es schnelle Eurocity-Verbindungen nach Mailand oder Bologna. Besonders günstig (ab 39 €) ist ein „Sparpreis Europa"-Ticket für die Strecke München–Mailand, das man auch in der Nachtzug-Variante (Liegewagen, ab 59 €) buchen kann. Von Mailand oder Bologna bestehen gute Zugverbindungen nach Apulien. Die Schnellzüge Frecciabianca und Frecciarossa verkehren tagsüber etwa im Stundentakt – die Fahrt von Mailand nach Bari dauert ca. 7, nach Lecce knapp 9 Stunden. Bologna–Bari dauert etwa 6 Stunden. Tickets können online gebucht werden: www.trenitalia.com.
Kalabriens Süden kann man mit Schnellzügen ab Mailand in etwa 9 Stunden erreichen. Praktisch sind die Nachtzugverbindungen z.B. zwischen Mailand und Vibo Valentia.
Deutsche Bahn: Service Nummer 0180 6 99 66 33 (kostenpflichtig 0,20 € aus dem dt. Festnetz), Mobilitätsservice für barrierefreies Reisen 0180 6 51 25 12 (kostenpflichtig 0,20 € aus dem dt. Festnetz); www.bahn.de
Österreichische Bundesbahn: www.oebb.at
Schweizerische Bundesbahnen: www.sbb.ch
Trenitalia: Servicenummer in Italien (auch für Reisende mit Handicap) 199 89 20 21(kostenpflichtig 0,55 €/min), www.trenitalia.com

Auskunft

Staatliches Italienisches Fremdenverkehrsamt (ENIT), Barckhausstraße 10, 60325 Frankfurt a. Main, Tel. 0 69 23 74 34, www.enit.de
ENIT in Österreich: Mariahilfer Str. 1B, 1060 Wien, Tel. (+43) 0 15 05 16 39, www.enit.at
Schweizer können Prospektmaterial von der ENIT-Zentrale in Frankfurt am Main anfordern (www.enit.de, frankfurt@enit.it)
Tourismuszentralen der Regionen: Apulien (www.viaggiareinpuglia.it), Kalabrien (www.turiscalabria.it)
Weitere Websiten: www.italianita.de (breit angelegtes Italien-Portal), www.italien-aktiv.info (viele Insider-Tipps vom Süditalien-Experten Peter Amann), www.gosoutheast.info (Claudia Schultes Blog mit Tipps und tollen Geschichten aus Apulien), www.beniculturali.it (aktuelle Informationen zu Museen, Ausstellungen und anderen Kulturprojekten), www.parks.it (Portal mit Links zu allen italienischen Regional- und Nationalparks)

Auto fahren

Mietwagen: Um in Italien ein Auto mieten zu können, muss man mindestens 21 Jahre alt sein, eine Kreditkarte und seit mindestens einem Jahr einen nationalen Führerschein besitzen. Mietwagenangebote internationaler und lokaler Autoverleiher findet man auf dem Portal www.billiger-mietwagen.de.
Straßen und Gebühren: Autobahnen sind meist gebührenpflichtig, bei der Auffahrt zieht man ein „Eintrittsticket", die Maut (ca. 0,10 €/km) wird beim Verlassen der Autobahn an der Mautstation entrichtet und kann in bar, per Kreditkarte oder Viacard bezahlt werden. Eine Viacard zu 25 oder 50 € gibt es in den italienischen Autobahnraststätten oder online (www.tolltickets.com), die Beträge werden von der Karte abgebucht. Die A3 von Salerno nach Reggio di Calabria ist gebührenfrei.

Mit einem Oldtimer wie diesem Fiat Topolino zur Masseria (Il Frantoio bei Ostuni in Südapulien)? Wie auch immer: (Feudaler) Urlaub auf dem Lande ist auch im südlichen Italien schwer angesagt.

Fahrzeugpapiere: Führerschein, Fahrzeugschein und Nationalitätenkennzeichen sind obligatorisch. Das Mitführen einer Grünen Versicherungskarte vereinfacht die Abwicklung der Formalitäten im Falle eines Unfalls.
Verkehrsregeln: Die Höchstgeschwindigkeit liegt innerorts bei 50 km/h, auf Landstraßen (Strada provinciale) bei 90 km/h, auf Schnellstaßen (S.S.) bei 110 km/h, auf Autobahnen bei 130 km/h, streckenweise bei 150 km/h. Die Promillegrenze liegt bei 0,5. Außerhalb geschlossener Ortschaften muss tagsüber mit Abblendlicht gefahren werden. Warnwesten für Fahrer und Beifahrer müssen im Fahrgastraum mitgeführt und im Fall eines Unfalls oder einer Panne beim Verlassen des Fahrzeugs getragen werden.
Fahren in der Stadt: Das Autofahren durch verkehrsberuhigte Zonen in vielen Innenstädten („zone a traffico limitato") ist nur mit einer Sondergenehmigung erlaubt. Bußgeldbescheide sollten möglichst vor Ort bezahlt werden (Polizeidienststelle), denn die Zustellung an die Heimatadresse ist mit Gebühren verbunden. Parkhäuser und große Parkplätze nutzen! Das Suchen von Parkplätzen in den Innenstädten – oder in Strandnähe – ist nervenaufreibend. An schwarz- gelb oder gelb markierten Bordsteinkanten herrscht Parkverbot. Ist die Markierung blau, braucht man einen Parkschein. Den kann man am Parkscheinautomaten lösen oder beim „Tabacchi" kaufen.

Bus und Bahn

Bahnfahren in Italien ist relativ preiswert, im Süden verläuft die Strecke malerisch küstennah und wird von Trenitalia bedient. Die Verbindung zwischen kleineren Orten und Orten im Hinterland decken Privatbahnen oder Busse ab, allerdings nicht an jeden Ort zu jeder Jahreszeit. Recht gut sind viele Orte des Salento mit der Bahn zu erreichen. Die Strecke Lecce–Maglie–Gallipoli wird von der privaten Bahngesellschaft Ferrovie del Sud Est bedient. Fahrplan: www.fseonline.it.
Im Sommer (Ende Juni–Mitte Sept.) gibt es den Shuttle-Service „Salento in Bus" mit Linien zwischen den wichtigsten touristischen Orten (z. B. Lecce–Gallipoli–Santa Maria di Leuca, oder Lecce–Porto Cesareo–Otranto), Infos bei den Tourismusbüros und online: www.provincia.le.it. Privatbahn auf dem Gargano: www.ferroviedelgargano.com. Zwischen Apulien und der Basilikata bestehen ab Bari oder Altamura regelmäßige Bahnverbindungen nach Matera und Potenza (über Irsina und Acerenza, http://ferrovieappulolucane.it).
In Kalabrien sorgt die Regionalbahn für Verbindung zwischen vielen kleinen Orten, auf Teilstrecken werden Busse eingesetzt: www.ferroviedellacalabria.it (regionale und überregionale Buslinien), www.italybus.it (landesweite Busverbindungen zwischen größeren Städten, bequeme Suche über „località di partenza", Ort der Abreise, bzw. „località di arrivo", Zielort). Weitere Busverbindungen: www.sitasudtrasporti.it (Buslinien in den Provinzen Bari, Foggia, Matera, Potenza), www.iasautolinee.com (Verbindungen kalabrienweit), www.autoservizipreite. it (Verbindungen an der Costa dei Cedri – Nordkalabrien/Tyrrhenische Küste), www.saj.it (Verbindungen Cosenza und Ionische Küste).

Feiertage

Das katholische Italien kennt viele Feiertage.
1. Jan.: Capo d'anno (Neujahr)
6. Jan.: Epifania (Dreikönigstag)
19. März: San Giuseppe
März/April: Pasqua (Ostern)

Info

Daten & Fakten

Geografische Lage: Apulien liegt im Südosten Italiens. Es reicht vom Stiefelsporn, dem Gargano, bis zur Absatzspitze. Westlich davon liegt die Basilikata, zwischen Apulien und Kalabrien an der Stiefelspitze.
Einwohnerzahl: In Kalabrien leben knapp 2 Mio. Menschen, verteilt auf fünf Provinzen mit der Hauptstadt Catanzaro. In Apulien verteilen sich gut 4 Mio. auf sechs Provinzen mit der Hauptstadt Bari. Apulien umfasst rund 19 400 km², Kalabrien gut 15 000 km², die Bevölkerungsdichte Kalabriens beträgt 131 Ew./km², in Apulien beträgt sie 211 Ew./km².
Bildung: In Apulien gibt es zwei Universitäten (Bari, Lecce), in Kalabrien drei (Catanzaro, Reggio di Calabria, Cosenza).
Religion: Der Katholizismus ist im heutigen Italien nicht mehr Staatsreligion, aber noch weit verbreitet. In Kalabrien gibt es griechisch-orthodoxe Minderheiten in den albanischen Dörfern. Als Flüchtlinge kamen in den letzten Jahren auch Muslime ins Land.
Wirtschaft in Apulien: Die Stahlfabrik ILVA in Taranto stellt ein Drittel des italienischen Stahls her und beschäftigt 20 000 Menschen. Landwirtschaft ist wichtig, in den Küstenebenen gedeihen Mandeln, Oliven, Tomaten, Kaktusfeigen und Trauben. Hinzu kommt Wein.
Wirtschaft in Kalabrien: Haupterwerbsquelle in Kalabrien sind die Land- und Forstwirtschaft. In den Ebenen an den Küsten und in den Flusstälern gedeihen Zitrusfrüchte, Oliven, Obst und Gemüse. Die Industrie entwickelte sich nach Wirtschaftsreformen in den 1970er-Jahren nur zögerlich. Die Arbeitslosenquote Kalabriens liegt deutlich über dem italienischen Gesamtdurchschnitt. Der negative Einfluss der 'Ndrangheta wirkt sich auch auf die Wirtschaft aus: Von den 82 Gemeinden landesweit, deren Gemeinderäte wegen organisierten Verbrechens seit 1991 von der italienischen Regierung aufgelöst wurden, sind 76 kalabresische Gemeinden. Vermutlich erwirtschaftet diese Mafiaorganisation 44 Milliarden Euro. Steuerfrei.

Im Hafen von Tropea: Fischfang ist nach wie vor eine wichtige Erwerbsquelle für viele Menschen.

Zu den Spaghetti gehört ein guter Wein, wie ihn hier Giuseppe Montanaro von der Cantina Amastuola in Crispiano (Zentralapulien) präsentiert.

Wenn die Qualität der Grundprodukte stimmt, Öl und Brot etwa wie hier, dann ist die mediterrane Küche eine der besten der Welt.

Info

Geschichte

10. Jh v. Chr.: Illyrer und Italische Völker wie die Bruttier siedeln sich an.
8. Jh. v. Chr.: Griechen aus Sparta stoßen bis zur südöstlichen Spitze und dem Golf von Tarent vor.
bis 5. Jh. v. Chr.: Alle Orte an der kalabrischen Küste sind griechisch.
272 v. Chr.: Die Römer besiegen die Griechen und kolonisieren die Region.
216 v. Chr.: Der karthagische Feldherr Hannibal vernichtet die römische Streitmacht bei Cannae in Apulien während des Zweiten Punischen Krieges.
190 v. Chr.: Die Römer vervollständigen die Via Appia, die Rom mit Apulien verbindet.
476: Untergang des Römischen Reichs.
488: Italien und Apulien werden von den Ostgoten beherrscht.
6.–11. Jh.: Die Langobarden gründen das Königreich Italien. Apulien und Kalabrien sind bis ins 11. Jahrhundert unter byzantinischer Herrschaft; gelegentliche Vorstöße muslimischer Sarazenen.
1059: Der Normanne Robert Guiscard gründet das Herzogtum Apulien und erobert Kalabrien.
1087: Seefahrer bringen die Gebeine des heiligen Nikolaus von Myra nach Bari.
um 1200: Friedrich II., römisch-deutscher Kaiser, erbt Apulien.
13. Jh.: Süditalien wird Teil des Königreichs Neapel.
1480: Eine türkische Streitmacht unter dem Kommando von Gedik Ahmed Pasha nimmt Otranto ein.
1500: König Ferdinand V. von Aragón übernimmt die Herrschaft.
1713: Der Vertrag von Utrecht überträgt Apulien an Österreich.
1734: Die Spanier schlagen Österreich in der Schlacht von Bitonto und gewinnen Apulien zurück. Türken und Venezianer greifen an.
1861: Apulien und Kalabrien stoßen zum neu vereinten Italien dazu.
1943: Die Alliierten verdrängen die deutschen Streitkräfte.
1946: Italien wird eine Republik.
2010: In der italienischen Regierung kommt es zum Bruch zwischen den Parteikollegen und einstigen Verbündeten Silvio Berlusconi und Gianfranco Fini. Nach der Vertrauensfrage regiert Berlusconi mit Finis Gnaden weiter.
2014: Der Regierungspräsident Kalabriens, Giuseppe Scopelliti, wird wegen Amtsmissbrauchs als Bürgermeister von Reggio zu sechs Jahren Gefängnis verurteilt.
2014: Matteo Renzi wird italienisches Staatsoberhaupt.
2016: In Apulien fordert ein schweres Zugunglück 23 Todesopfer.

25. April: Liberazione (Tag der Befreiung vom Faschismus)
1. Mai: Festa del lavoro (Tag der Arbeit)
2. Juni: Nationalfeiertag
29.6.: Peter und Paul Festtag
15. Aug.: Ferragosto (Mariä Himmelfahrt)
1. Nov.: Ogni santi (Allerheiligen)
8. Dez.: Immacolata concezione (Mariä Empfängnis)
25. Dez.: Natale (Weihnachten)
26. Dez.: Santo Stefano

Gesundheit

In größeren Orten und touristischen Zentren ist für eine ausreichende medizinische Versorgung gesorgt. Vielerorts gibt es eine Guardia Medica, die auch nachts und feiertags zur Verfügung steht, Erste Hilfe-Stationen („pronto soccorso") gibt es in den Krankenhäusern (ospedale), in kleineren Orten leisten Croce Rossa (Rotes Kreuz) oder Croce Bianca Erste Hilfe. Im Notfall ruft man die Ambulanz 118. Eine Apotheke („farmacia") gibt es in jedem größeren Ort, Öffnungszeiten: Mo.–Sa. 8.30–13.00 u. 16.00–19.30 Uhr. Mit der Europäischen Krankenversicherungskarte einer gesetzlichen Krankenkasse hat man im EU-Ausland Anspruch auf Leistungen im akuten Krankheitsfall. Evtl. muss ein Teil der Leistung vor Ort bezahlt werden, den man sich von der eigenen Krankenkasse erstatten lassen kann.

Hotels

Apulien ist berühmt für die Masserien, meist luxuriöse Hotels in einstigen Latifundien. Günstigere Hotels findet man aber auch überall zuhauf. Kalabrien ist insgesamt etwas günstiger, große Hotels gibt es nicht so viele, stark boomt der Bed&Breakfast-Markt. Meist wohnt man in wunderschön renovierten Altstadthäusern. Konkrete Adressen und Empfehlungen finden Sie auf den Infoseiten der jeweiligen Kapitel.

Preiskategorien

€ € € €	Doppelzimmer	über 250 €
€ € €	Doppelzimmer	160 – 250 €
€ €	Doppelzimmer	80 – 150 €
€	Doppelzimmer	unter 80 €

Kulinarisches

Die süditalienische Küche alleine ist Grund genug, nach Apulien und Kalabrien zu fahren. Wer Fisch und Meeresfrüchte mag, wird überall gut auf seine Kosten kommen, ohne horrende Preise zu bezahlen. In vielen Orten fahren noch immer Fischer jede Nacht hinaus. Orechiette, kleine runde Nudeln, ist die bekannteste Pastasorte Apuliens. Wer Gemüse liebt, wird auf den Märkten leuchtende Augen bekommen angesichts knallroter Tomaten, tiefdunkler Auberginen, erntefrischem Salat und vielfältigster Kräuter. In Kalabrien bekommt man an den Küsten ähnliche Kost, mediterran und leicht. In den Bergen wird es deftiger. Dort werden gern Kartoffeln serviert, und man kocht mit Butter. Pilzgerichte sind hier ebenfalls empfehlenswert. Dazu passt gut der bekannteste Wein Kalabriens, der rote Ciró: ein schwerer, vollmundiger Tropfen. Auch in Apulien dominieren rote Rebsorten wie Sangiovese, Primitivo und Negroamaro. Letzterer wird hier schon seit Jahrtausenden angebaut, heute vorrangig bei Salice Salentino in der Provinz Lecce.

Literaturempfehlungen

David Gilmour: Auf der Suche nach Italien. Eine Geschichte der Menschen, Städte und Regionen von der Antike bis zur Gegenwart, Klett-Cotta 2013.
Frederike Hausmann: Kleine Geschichte Italiens von 1943 bis zur Ära Berlusconi. Wagenbach 2006.
Carlo Levi: Christus kam nur bis Eboli. Ein (erstmals 1945 erschienener) Klassiker der italienischen Literatur – *die* Dokumentation des italienischen Südens, dtv 2003.
Maria Carmen Morese: Gebrauchsanweisung für Apulien und die Basilikata, Piper, 2015.
Roberto Saviano: Gomorrha, Reise in das Reich der Camorra. Eindrucksvolle Schilderung der organisierten Kriminalität. Hanser 2008.
Stefanie Bisping: Lesereise Apulien. Die Magie des Mezzogiorno. Picus Verlag, Wien. 2016
Carmine Abate: Der Hochzeitstanz, Roman über das Aufwachsen in einem kalabrischen Dorf. Der Autor gehört zur albanischen Minderheit. Piper 2001.
Katja Büllmann: Apulien – Typen, Träumer, Lebenskünstler, ein Porträt von Land und Menschen an einem Rande Europas, Corso, 2012.
Gioacchino Criaco: Schwarze Seelen. Düsterer Roman um die 'Ndrangheta im Aspromonte. Folio-Verlag 2016.
Kirsten Wulf: Vino mortale. Ein Apulien-Krimi. KiWi 2015.

Öffnungszeiten

Banken haben im Allgemeinen Mo.–Fr. 8.30 bis 13.30 und 15.00–16.00 oder 16.00–17.00 Uhr geöffnet. Geschäfte öffnen Mo.–Fr. 8.30-12.30 und 15.30–19.30, Sa. 9.00–13.00 Uhr. In den Fußgängerzonen haben die Geschäfte oft bis 22.00 Uhr geöffnet. Lebensmittelläden öffnen auch am Sonntagvormittag. Restaurants schließen meist am Nachmittag.

Post

Nur wenige Postkartenläden verkaufen auch Briefmarken (francobolli), und wenn dann nur so viele, wie man Karten gekauft hat: In jedem Fall gibt es sie bei der Post oder in den Tabakläden (tabacchi). Öffnungszeiten der Postämter: Mo.–Fr. 8.00–19.00, Sa. bis 13.00 Uhr (nicht alle Postämter haben Sa. geöffnet: web.poste.it).

Restaurants

Generell ist Kalabrien günstiger als Apulien. An der Stiefelspitze kann man noch überraschend günstig und gut essen. Eine Ausnahme ist Tropea: Hier ist zu spüren, dass der Ort beliebter und touristischer ist als Catanzaro oder Crotone. Generell gilt: Eine Pizza unter 5 € wird man kaum finden, Pastagerichte beginnen meist bei 6 €, hausgemachte frische Pasta kostet um die 8 €. Frischer Fisch vom Grill ist selten unter 9 € zu haben. Das kleine Glas Wein am Tresen kostet 1 €. Eine große Flasche Mineralwasser etwa 3 €. Am günstigsten ist es, in Pizzerien zu essen. Trattorien bereiten einfache Gerichte auf besserem Niveau zu, sind also auch teurer. Am teuersten, aber meist auch am besten, ist es in den Ristoranti. Je teurer ein Restaurant, desto dringender empfiehlt es sich, Plätze zu reservieren. Die Restaurantküchen servieren meist von 12.00 bis 15.00 und 19.00 bis 23.00 Uhr warmes Essen, im Hochsommer abends länger. „Pane e coperto" bedeutet „Brot und Gedeck", es kostet zwischen 1 und 4 € und wird stets berechnet.

Preiskategorien

€€€€	Hauptspeisen	über 25	€
€€€	Hauptspeisen	15 – 25	€
€€	Hauptspeisen	10 – 15	€
€	Hauptspeisen	5 – 10	€

Konkrete Restaurantadressen und Empfehlungen finden Sie in diesem Heft auf den Infoseiten der jeweiligen Kapitel.

Schifffahrten

Von Tropea aus gibt es Tagesauflüge auf die Äolischen Inseln. Man fährt früh morgens los, besucht Stromboli, Lipari und Vulcano und ist abends wieder zurück am Festland. Bei schönem Wetter – und für diejenigen, die nicht seekrank werden – ein Traum (www.tropea.biz/deutsch/ausflueg-aeolische.php).

Scontrino

Der scontrino ist der Kassenbon. Laut Gesetz ist sowohl der Verkäufer (oder Kellner) verpflichtet, dem Kunden den scontrino auszuhändigen, als auch der Kunde bzw. Gast, beim Verlassen eines Geschäftes den entsprechenden scontrino bei sich zu haben. Sonst drohen Geldbußen für beide Seiten. Hintergrund des Gesetzes ist es, Schwarzhandel, der an der Steuer vorbeigeht, zu unterbinden.

Souvenirs

Kühlschrankmagnete, Muscheln und maritimen Modeschmuck gibt es überall. Origineller sind einheimische Produkte wie die roten Zwiebeln aus Tropea, Bergamotte-Bonbons aus Kalabrien, Pepperoni-Pasten aus Diamante. Pappmaché-Heilige aus Lecce sind hochwertiges Kunsthandwerk, auch Lampen aus der Pietra Leccese, dem weichen Kalkstein, werden vor Ort hergestellt.

Im Hafen von Molfetta (Zentralapulien): Zu zweit flaniert es sich am besten.

Sport

Rad fahren: Im eher flachen Apulien lohnen sich gemütliche Radausflüge. Kalabrien ist eher was für die Sportlichen. Hier sieht man auch auf den steilen Bergstraßen italienische Radsportler, die sich die Serpentinen hinauf mühen. Wer sein eigenes Rad mitnehmen möchte: Mit wenigen Ausnahmen können verpackte Fahrräder in allen Zügen als Reisegepäck mit ins Abteil genommen werden. Infos gibt's beim ADFC, www.adfc.de.
Wassersport in allen Varianten ist die vorherrschende Sportart in Süditalien. Ob Surfen, Stand-up-Paddling, Segeln, Kajak fahren – an vielen Stränden wird das angeboten. Auskünfte erteilen die Fremdenverkehrsämter – oder einfach die Mitarbeiter am Strand. Taucher finden viele Gleichgesinnte bei den Tremiti-Inseln.
Im Aspromonte und im Sila-Gebirge gibt es sogar Skigebiete – für gute Skifahrer aber eher zu wenig anspruchsvoll.
Wandern kann man in den drei Nationalparks, hier finden sich ausgeschilderte Wanderwege und umfangreiches Info-Material.
Pollino-NP: http://parcopollino.gov.it
Sila-NP: www.parcosila.it.
Aspromonte-NP: www.parcoaspromonte.gov.it
Leider nach wie vor kaum möglich sind Wanderungen durch Weinberge und Olivenhaine. Zäune, Mauern und Hunde halten Menschen fern.

Info

Wetterdaten

Bari (Apulien)

	TAGES-TEMP. MAX.	TAGES-TEMP. MIN.	WASSER-TEMP.	TAGE MIT NIEDER-SCHLAG	SONNEN-STUNDEN PRO TAG
Januar	11°	5°	13°	8	4
Februar	12°	6°	12°	7	5
März	14°	8°	13°	6	6
April	18°	11°	14°	5	8
Mai	22°	14°	17°	4	10
Juni	26°	19°	21°	3	11
Juli	28°	21°	23°	1	12
August	28°	21°	24°	3	10
September	26°	18°	22°	4	9
Oktober	21°	14°	19°	7	7
November	17°	11°	16°	8	5
Dezember	13°	7°	14°	9	3

Sprache

Neben dem Italienischen wird in einigen kalabrischen Dörfern auch Albanisch und Griechisch gesprochen. Jemanden zu finden, der Englisch spricht, ist nach wie vor nicht einfach, auch wenn es die Jüngeren vermehrt können. Viel leichter verständigt man sich oft mit – Deutsch. Viele Süditaliener gingen als Gastarbeiter nach Deutschland, einige kehrten zurück. So hört man oft ein überraschendes „Grüß Gott!"

Telefon

Nach Italien: 0039 + Rufnummer; die Null in der Ortsvorwahl wird mitgewählt. Innerhalb Italiens muss die Vorwahl mitgewählt werden, sie ist fester Bestandteil der Telefonnummer.
Von Italien in die CH: 0041 + Vorwahl ohne 0 + Rufnummer; **nach D:** 0049 + Vorwahl ohne 0 + Rufnummer; **nach A:** 0043 + Vorwahl ohne 0 + Rufnummer.
Mobiltelefone (ital. cellulare o. telefonino) der gängigen Netze funktionieren über Roaming in Italien problemlos. Seit Mai 2016 sind die Roaminggebühren europaweit weiter gefallen. Italienische Mobilfunk-Nummern beginnen oft mit 335 oder 338, davor wird keine Null gewählt, und zwar weder aus dem Ausland noch innerhalb von Italien.

Aspromonte-Nationalpark: „Folge einem Esel und du kommst in ein Dorf. Folge einer Ziege und du stürzt in den Abgrund." (Italienisches Sprichwort)

Register

Fette Ziffern verweisen auf Abbildungen

Impressum

1. Auflage 2016
© DuMont Reiseverlag, Ostfildern

Verlag: DuMont Reiseverlag, Postfach 3151, 73751 Ostfildern, Tel. 0711/4502-0, Fax 0711/4502-135, www.dumontreise.de
Geschäftsführer: Dr. Thomas Brinkmann, Dr. Stephanie Mair-Huydts
Programmleitung: Birgit Borowski
Redaktion: Robert Fischer (www.vrb-muenchen.de)
Text: Barbara Schaefer
Exklusiv-Fotografie: Toni Anzenberger
Titelbild: Dorothea Schmid/laif (Baia delle Zagare)
Zusätzliches Bildmaterial: S. 36 Giulio Piscitelli/contrasto/laif, 56 /contrasto/laif, 57 l. SHOBHA/contrasto/laif, 57 r. Salvatore Esposito/contrasto/laif, 58 o. Getty Images/Elisabetta Villa, 59 Dagmar Schwelle/laif, 74 Barbara Schaefer, 92 r. huber-images.de/Capone Antonio, 108 Barbara Schaefer, 113 u. Barbara Schaefer
Vektorgrafiken: Fotolia (S. 97), istock (S. 92), Shutterstock (S. 22, 41, 113, 115), Stock-illustration (S. 63)
Grafische Konzeption, Art Direktion: fpm factor product münchen
Layout: CYCLUS · Visuelle Kommunikation, Stuttgart
Kartografie: © MAIRDUMONT GmbH & Co. KG, Ostfildern
DuMont Bildarchiv: Marco-Polo-Straße 1, 73760 Ostfildern, Tel. 0711/4502-266, Fax 0711/4502-1006, bildarchiv@mairdumont.com

Für die Richtigkeit der in diesem DuMont Bildatlas angegebenen Daten – Adressen, Öffnungszeiten, Telefonnummern usw. – kann der Verlag keine Garantie übernehmen. Nachdruck, auch auszugsweise, nur mit vorheriger Genehmigung des Verlages. Erscheinungsweise: monatlich.

Anzeigenvermarktung: MAIRDUMONT MEDIA, Tel. 0711/4502-0, Fax 0711/4502-1012, media@mairdumont.com, http://media.mairdumont.com
Vertrieb Zeitschriftenhandel: PARTNER Medienservices GmbH, Postfach 810420, 70521 Stuttgart, Tel. 0711/7252-212, Fax 0711/7252-320
Vertrieb Abonnement: Leserservice DuMont Bildatlas, Zenit Pressevertrieb GmbH, Postfach 810640, 70523 Stuttgart, Tel. 0711/7252-265, Fax 0711/7252-333, dumontreise@zenit-presse.de
Vertrieb Buchhandel und Einzelhefte: MAIRDUMONT GmbH & Co KG, Marco-Polo-Straße 1, 73760 Ostfildern, Tel. 0711/4502-0, Fax 0711/4502-340
Reproduktionen: PPP Pre Print Partner GmbH & Co. KG, Köln
Druck und buchbinderische Verarbeitung: NEEF + STUMME premium printing GmbH & Co. KG, Wittingen, Printed in Germany

FSC www.fsc.org MIX Papier aus verantwortungsvollen Quellen FSC® C001857

Vorschau

Nicht nur wegen der tollen Lage am Meer und des imposanten Opernhauses: Sydney ist eine der schönsten Städte der Welt.

Die Sächsische Schweiz begeistert – nicht nur im Herbst – mit ihren merkwürdigen Felsgebilden.

Sachsen

Stadtschönheiten
Welches ist die schönste Stadt im Lande – Dresden, das Elbflorenz mit dem Canaletto-Blick, oder doch das quirlige Leipzig mit Messeflair und Jugendstilpassagen?

Unterwegs im Schlösserland
Sachsen ist das Land der Burgen und Schlösser, 723 soll es geben. Wir stellen Ihnen unsere Favoriten mit ihren grandiosen Parks vor.

500 Jahre Reformation
Auch Sachsen steht 2017 ganz im Zeichen des Reformationsjubiläums. Ein 550 km langer Lutherweg berührt Orte, an denen Luther wirkte bzw. weilte.

Australien
Osten • Sydney

Faszination Down Under
An der Ostküste zeigt sich Australien in seiner ganzen Vielfalt: die Skala reicht vom tropischen Norden, über einsame Sandstrände bis zu den Weiten des Outback – ja, und dann ist da noch die Millionenmetropole Sydney.

Kleine Inselparadiese
Rund 700 Eilande ragen aus dem Great Barrier Reef auf, nur zwei Dutzend sind touristisch erschlossen, und die zehn schönsten Inselresorts stellen wir vor.

Wanderglück ist garantiert
Die beste Art sich dem Uluru, dem Ayers Rock, zu nähern, ist zu Fuß, folgen Sie unseren Wandervorschlägen!

www.dumontreise.de

Lieferbare Ausgaben

DEUTSCHLAND
119 Allgäu
092 Altmühltal
105 Bayerischer Wald
180 Berlin
162 Bodensee
121 Brandenburg
175 Chiemgau, Berchtesg. Land
013 Dresden, Sächs. Schweiz
152 Eifel, Aachen
157 Elbe und Weser, Bremen
125 Erzgebirge, Vogtland
168 Franken
020 Frankfurt, Rhein-Main
059 Fränkische Schweiz
112 Freiburg, Basel, Colmar
028 Hamburg
026 Hannover zw. Harz u. Heide
042 Harz
062 Hunsrück, Naheland, Rheinhessen
023 Leipzig, Halle, Magdeburg
131 Lüneburger Heide, Wendland
133 Mecklenburgische Seen
038 Mecklenburg-Vorpommern
033 Mosel
114 München
047 Münsterland
015 Nordseeküste Schleswig-Holstein
006 Oberbayern
161 Odenwald, Heidelberg
035 Osnabrücker Land, Emsland
002 Ostfriesland, Oldenb. Land
164 Ostseeküste Mecklenburg-Vorpommern
154 Ostseeküste Schleswig-Holstein
136 Pfalz
040 Rhein zw. Köln und Mainz
079 Rhön
116 Rügen, Usedom, Hiddensee
137 Ruhrgebiet
149 Saarland
182 Sachsen
081 Sachsen-Anhalt
117 Sauerland, Siegerland
159 Schwarzwald Norden
045 Schwarzwald Süden
018 Spreewald, Lausitz
008 Stuttgart, Schwäbische Alb
141 Sylt, Amrum, Föhr
142 Teutoburger Wald
170 Thüringen
037 Weserbergland
173 Wiesbaden, Rheingau

BENELUX
156 Amsterdam
011 Flandern, Brüssel
179 Niederlande

FRANKREICH
177 Bretagne
021 Côte d'Azur
032 Elsass
009 Frankreich Süden Languedoc-Roussillon
019 Korsika
071 Normandie
001 Paris
115 Provence

GROSSBRITANNIEN/IRLAND
063 Irland
130 London
138 Schottland
030 Südengland

ITALIEN/MALTA/KROATIEN
181 Apulien, Kalabrien
017 Gardasee, Trentino
110 Golf von Neapel, Kampanien
163 Istrien, Kvarner Bucht
128 Italien, Norden
005 Kroatische Adriaküste
167 Malta
155 Oberitalienische Seen
158 Piemont, Turin
014 Rom
165 Sardinien
003 Sizilien
140 Südtirol
039 Toskana
091 Venedig, Venetien

GRIECHENLAND/ ZYPERN/TÜRKEI
034 Istanbul
016 Kreta
176 Türkische Südküste, Antalya
148 Zypern

MITTEL- UND OSTEUROPA
104 Baltikum
122 Bulgarien
094 Danzig, Ostsee, Masuren
169 Krakau, Breslau, Polen Süden
044 Prag
085 St. Petersburg
145 Tschechien
146 Ungarn

ÖSTERREICH/SCHWEIZ
129 Kärnten
004 Salzburger Land
139 Schweiz
144 Tirol
147 Wien

SPANIEN/PORTUGAL
043 Algarve
093 Andalusien
150 Barcelona
108 Costa Brava
025 Gran Canaria, Fuerteventura, Lanzarote
172 Kanarische Inseln
124 Madeira
174 Mallorca
007 Spanien Norden, Jakobsweg
118 Teneriffa, La Palma, La Gomera , El Hierro

SKANDINAVIEN/NORDEUROPA
166 Dänemark
153 Hurtigruten
029 Island
099 Norwegen Norden
178 Norwegen Süden
151 Schweden Süden, Stockholm

LÄNDERÜBERGREIFENDE BÄNDE
123 Donau – Von der Quelle bis zur Mündung
112 Freiburg, Basel, Colmar

AUSSEREUROPÄISCHE ZIELE
010 Ägypten
183 Australien Osten, Sydney
109 Australien Süden, Westen
107 China
024 Dubai, Abu Dhabi, VAE
160 Florida
036 Indien
027 Israel
111 Kalifornien
031 Kanada Osten
064 Kanada Westen
171 Kuba
022 Namibia
068 Neuseeland
041 New York
048 Südafrika
012 Thailand
046 Vietnam